「考える力」を伸ばす

ＡＩ時代に活きる幼児教育

久野泰可
Kuno Yasuyoshi

a pilot of wisdom

はじめに

50年以上変わらない幼児教育の実態

大学を卒業した直後に、私は幼児教育の現場で子どもたち相手に授業をはじめました。それから46年が過ぎようとしています。時の経《た》つのは早いものです。

この半世紀の間にわが国では、政治・経済・社会のなかでさまざまなことが変化し前進してきました。しかし、幼児教育の世界はこの間、ほとんど変化が見られませんでした。旧態依然とした伝統的な「遊び保育」がいまだに主流です。「勉強は小学校へ入ってからでいい。就学前はのびのびと遊びながら身体《からだ》を鍛える時間に使おう」という考えです。

また、この対極にあって、一定の支持を集めているのが、〝お受験〟のために幼児のうちからペーパー問題を解かせる「教え込み教育」です。この二極化が長い間続いてきました。

私が一貫して主張してきた「教え込み教育ではなく、将来自分で考え、自分で判断を下せる人間になれる基礎を育む教育」は、見向きもされませんでした。しかし、ＡＩ（Artificial Intelligence）によるイノベーションは新しい人材を求めています。言われたことをやるだけでなく、何をやるべきかを自分で見つけ、考え、付加価値を生み出していけるような能力を備えた人間です。

日本の幼児教育改革には、ある特徴があります。それは、改革案の論議の中に制度的な話はあっても、教育内容に関するものはあまりない、ということです。もしかすると、文部科学省の内部では語られているのかもしれませんが、実際にそうした案が表に出て、われわれ幼児教育の現場にいる者の耳に届くことはこれまでありませんでした。

日本の幼児教育は、複雑な行政の中で翻弄され、教育の中身に関しての論議は世界の動きからはずれ、ますます後れをとっているのが現状です。これは、日本人が幼児教育についての関心が薄く、世論の盛り上がりがないせいかもしれません。

しかし、最近は幼児教育に熱心な保護者の方が増えてきました。その方たちが望まれることは、受験のためだけではなく、幼児のうちにしっかりとした基礎教育を身に付けさせたい、というものです。幼児教育の世界において「遊び保育」でも「教え込み教育」でもない、「まっとうな基礎教育」を、という思いです。

藤井聡太さんとモンテッソーリ教育

そんな幼児教育を取り巻く状況の中、２０１７年に私が興味をひかれるニュースが流れました。将棋の藤井聡太さんの話題です。

史上最年少でプロ棋士となり、中学2年生での公式戦デビューから29連勝、最年少で50勝。これまでの記録を塗り替えた天才です。すごいスターが生まれたものです。

中学生にして並み居る大人の強豪を打ち負かす姿には、将棋ファンのみならず多くの人が目を見張りました。加えて対局後のインタビューの対応も、とても中学生とは思えない落ち着いたもの腰と筋の通った話し方が、世間の注目を集めました。

どうやったらあのような中学生に育つのか。世間の関心は親の育て方や、どういう教育をしたのかに向かい、その中で「モンテッソーリの幼稚園に通っていたようだ」「藤井さんが幼児期に受けた〝モンテッソーリ教育〟が天賦の才能を開花させた」とマスコミで報道されるようになりました。

同時に、子どものころにモンテッソーリ教育を受けた人物として、アメリカ前大統領のバラク・オバマ氏をはじめとして、グーグルの創業者ラリー・ペイジ氏、マイクロソフトの創業者ビル・ゲイツ氏、フェイスブックの創業者マーク・ザッカーバーグ氏、アマゾンの創業者ジェフ・ベゾス氏、日本でもおなじみの経営学者ピーター・ドラッカー氏などの名前が挙げられたために、いっそうモンテッソーリ教育に人々の興味が集まりました。

藤井さんは、3歳からモンテッソーリの教育法を取り入れていたカトリック系の幼稚園に通ったそうです。この教育法は「自分の好きなことを納得がいくまでやらせ、自立した子どもを育てる」ことを目的としているので、幼くして将棋の面白さを覚えた藤井聡太さんにとって、その才能を伸ばすには適した教育環境だったのでしょう。

藤井さんと直接お話ししたわけではないので断言できませんが、自分の好きな将棋を好きな方法で没頭して身に付けた習慣が、その後の彼の才能を強化したことは想像に難くありません。教え込み教育によってなしえたのでないことははっきりしています。

幼児教育によって人生のすべてが決まるわけではありませんが、その後の人間形成に大きな影響を与えることは、世界のさまざまな研究が証明しています。しかも、幼児教育が成人してからの収入や健康にも関係してくるという最新の調査結果もあります（後述）。

幼児期に考える力の土台を構築する――教科前基礎教育

私が主宰している幼児教室「こぐま会」では、幼児期からの基礎教育を実践しています。「そんなにあせらなくても」と感じる方もいらっしゃると思いますが、決してそういうわけではありません。こぐま会は「年齢に見合った教育の仕方がある」という思想に基づいて、幼児にも理解できる知的教育を行なっています。

それが「教科前《ぜん》基礎教育」です。幼小一貫教育の理念のもと、小学校に上がる前の幼児期、年少・年中・年長児にそれぞれに施す教育のことです。小学校に上がってからスムーズに教科を理解できるように準備するためで、教え込み教育でも、小学校で習うことを前倒しで教えることでも、どこかの学校に入るための特別なトレーニングでもありません。

答えや結論を暗記させるのではなく、藤井聡太さんのように目の前の問題を自分で考え、何度も考え直して自分で答えを導き出すことができるようにする、思考力を育てる教育法です。どこの学校に入学しても主体的に学んでいける姿勢と、応用課題を受け止める学力の基礎をしっかり身に付けることを目標にしているのです。

本書では、この教科前基礎教育のための方法論「ＫＵＮＯメソッド」についてつまびらかにしていきます。

「思考力に富んだ人とはどんな人なのでしょうか」という質問を多くの保護者の方からいただきます。われわれが「思考力」を育む幼児教育――と謳《うた》っていても、どういう人間像になるのか抽象的でわかりにくいのでしょう。

そんな保護者の方々の問いに答えるのにふさわしい実例が、あのアップルの創業者スティーブ・ジョブズ氏の言葉にありました。

ジョブズ氏が生前、アップル社の採用試験でもっとも重視したのは、応募者が「セルフ・マネジメントができる人物かどうか」を見極めることだったそうです。

セルフ・マネジメントとは、自分の問題を人に頼らないで解決してゆく能力とか、感情をコントロールして他人と協調して問題に当たる、といったことです。つまり自己を管理して問題を解決できる能力を持っているということでしょう。

アメリカでも日本でも、これまでの会社は一般的に、上司からの命令によって行動する「他律」的な集団でした。しかし、ジョブズ氏はそういった旧《ふる》い組織から一歩先を行く「自律」的な社員で構成される会社作りを目指したのです。そのため彼は応募者を面接した後に、仕事の雰囲気を味わってもらい、多くの社員と接するために丸一日をアップルの社内で過ごさせたそうです。そこでは応募者の協調性や自主性、リーダーシップの有無などを見極めていたのでしょう。日本で行なわれている小学校入試の行動観察と同じです。

ジョブズ氏は言っています。

「セルフ・マネジメントができる人間は管理される必要がない。彼らは仕事が与えられれば、それをどうやって実現できるか自分で考えることができる人材なのだ」

この話を知ったとき、私が考えてきた子どもの将来の理想的・具体的な姿の一端を垣間《かいま》見《み》たような気がしました。管理される必要のない自律した人間——という姿です。

AI、人工知能時代の到来は時間の問題でしょう。オックスフォード大学のマイケル・A・オズボーン准教授が発表した研究によると、あと10年か20年でアメリカの総雇用の47

%がコンピューターやロボットに取って代わられると予測しています。つまり47%の雇用が消える可能性があるのです。人工知能の時代と言われても、明確な社会の姿は描けませんが、車が自動運転になり、人と会話のできる機械が人間生活の手伝いをする……人間のやっている作業が人工知能によって代替可能になる社会がくるというわけです。

そして社会は、AI機器を通じて集められたビッグ・データによって、最大公約数的な方向に動いていくと予想されます。そんな中、人間が自律して生きるためには、その包囲から逃れる〝思考力〟を持つ必要があります。AI社会の出現を前に、世界中がこのような自律した人材の育成に大急ぎで取り組んでいるところです。

われわれが追い求めてきた「思考力を育んだ人間」とは、とりもなおさず管理されなくても与えられた問題を解決できる自律した人間ということができるでしょう。

そういう人間を育てるために、われわれがどのような考えで幼児教育に取り組んでいるのか、その思想から具体的な内容・メソッドまでを紹介し、「思考力に富んだ子ども」を育てるヒントにしていただければと思います。

目次

はじめに――3
50年以上変わらない幼児教育の実態
藤井聡太さんとモンテッソーリ教育
幼児期に考える力の土台を構築する――教科前基礎教育

第1章　日本の幼児教育の問題点――21
幼児教育の無償化――その中身と問題点
問われる教育の質と先生の質――二つの課題
落ちこぼれ児童――過去の失敗の轍を踏んではならない
大学の入試改革よりもいま必要なこと
ヘックマン教授が指摘した幼児教育の重要性
幼児教育が一生を左右する――ヘックマン教授の研究成果
幼児教育がもたらす経済的効果

非認知能力が日の目を見た日

世界から後れをとる日本の幼児教育

海外で実感する幼児教育への関心の高さ
日本が「遅れている」と思われる理由
世界から否定的評価の声も聞こえる
そもそも「遊び保育」とは
幼児期の「知育」が軽んじられる風潮は正すべき
日本はすべてが相変わらず予備校化
認知能力と非認知能力を対立させない

教える側がかかえる問題

教育業界の階層性——保育園は一番下位
教師も親も教え込みから脱却できない問題
国の教育方針に幼児期の「知育」の位置づけがない
曖昧な保育要領では何も変わらない

インターナショナル・スクール人気が高まる理由
インド式かけ算で理数脳が発達するわけではない

幼児期にこそやるべきことは何か

早いうちから本を読むことはお勧めしない
「聴く力」は試験を突破するカギ
幼児期に「読み・書き・計算」の前にすべきこと
計算が速くできても数概念は育たない
生活の中から問題をつくらせる――考える力の育成
文章題ができない理由――論理が把握できていない
小1のスタートラインは同じではない
教育の力によって体験を考える力に引き上げる
新しい価値を生み出す能力、そのエンジンが「非認知能力」

第2章　本当に必要な幼児教育とは何か

「ＫＵＮＯメソッド」はどのようにしてできあがったか
こぐま会の誕生
モンテッソーリから学ぶ――感覚教育・集中現象
楽しいから「集中」する
モンテッソーリを参考にしたこぐま会のオリジナル教材
ピアジェから学ぶ――「可逆的な思考を育てる」こと
ブルーナーから学んだ――「らせん型教育カリキュラム」
年齢に関係なく難しいことも理解できる
学力の転移の見極めが大事
ヴィゴツキーの「最近接領域」――教育には背伸びが必要
遠山啓――「原教科」という教え
「ＫＵＮＯメソッド」は進化する
思考力をつけるために必要な「10の力」

理解への道筋を知る

第3章　進化する幼児教育——「KUNOメソッド」——111

「KUNOメソッド」を支える基本理念
1　教科前基礎教育——将来の算数や国語の基礎となる学習
幼児期に必要な6つの学習領域とは
領域1「未測量」——量を土台にして数概念を学ぶ
領域2「位置表象」——空間認識を育てる
領域3「数」——四則演算の基礎を身に付ける
領域4「図形」——図形感覚（平面・立体）を育てる
領域5「言語」——聴く力、話す力を養う
領域6「生活」——生活の中で身近なものについて関心を高める
2　事物教育——教え込み主義教育の対極にあるもの
事物に触れ、働きかけてこそ、本当の知識が身に付く
三段階学習法——教育の方法論

重い箱、軽い箱を身体で実感――三段階学習法の実践
マッチ箱を手に乗せて実感してもらう
ペーパーワークで実感を意識化させる
3　対話教育――理解度と考え方の根拠を対話で確認
自分の言葉で説明するうちに間違いに気づいた瞬間
集団で学習する意義
「聴く・話す」力が大事
暗記中心教育の結果――読解力不足が起きている
「聴く・話す」をもっと大事に

第4章　学力よりも意欲の時代へ――小学校受験も変化している――
学力偏重の弊害
かつて小学校受験は特定の人のものだった
塾の役割――学校と受験生の橋渡し

間違った入試対策——傷つく子どもたち
過剰な受験指導で他者との関係の取り方が損なわれる
幼児期の子育ての総決算としての小学校入試であるべき

小学校入試が変わってきている

合否は学力の高い順番ではない
お受験向きの子どもが受からない
小学校入試でなぜ「行動観察」が行なわれるのか
学校が望む子どもが変わってきた

非認知能力をどう育てるか

伸びる子と非認知能力
認知能力を育てる過程で非認知能力も育てる
非認知能力を育てる6つのコツ

第5章　幼児教育が目指すゴール

第5章　幼児教育が目指すゴール　173
幼児教育によって将来どうなる？
「学びが学びを呼ぶ」には家庭環境が重要
「教えない授業」とは？
幼児期の考える力は「アクティブ・ラーニング」でしか育たない
自らが考える教育
おわりに　183
子どもの能力を引き出す教育
柔軟な思考が複雑な問題を解決する
人生の合格への扉を目指して

編集協力／杉本　進
図版作成／海野　智

第１章　日本の幼児教育の問題点

幼児教育の無償化——その中身と問題点

行政は幼児教育の無償化を打ち出しています。しかし、クローズアップされているのは、いまのところ財源を消費税増税分に求めることが決まったぐらいで、教育の中身やその他の姿はまだ浮かび上がってきていません。

われわれは無償化と同時に教育の質を高めることを考えなければなりません。それには、教育カリキュラムの見直しの他に、子どもたちを迎え入れる側がどんな環境を整えられるか——教育全体のなかで一番冷遇されている幼児教育の現状において、施設は整備できるのか、質の高い先生を育てる資金は用意できるのか、先生に魅力を感じてもらえる額の給料を払えるのか——などといった問題を考えなければいけません。

ただし、国が関与すると、教育の中身を規定される可能性があります。指導要領を持ち出してきて、国家の定めたものをやりなさいということになりかねません。すでに無償化を実施している韓国では、国家のカリキュラムがつくられており、金を出すのだからこれを絶対やりなさい、となっています。そうなると、公立はいいのですが、私立の場合、他の園と差別化して生徒を集めたいのに、1日の決まった時間の中で国家のカリキュラムのせいで、時間的にも差別化する授業が組めないという問題が出てきています。

もちろん保護者の方々の経済的負担が軽くなるのは喜ばしいことですが、さまざまな面で子どもを受け入れる側の準備が整わないままでの「無償化」で何が解決するのか、疑問を持つのは私だけでしょうか。

問われる教育の質と先生の質——二つの課題

幼児教育の無償化はよいことです。しかし、無償化による新しい教育を実現するためには、重要な問題が数多く残っています。

財源をどこに求めるかという問題は解決したようです。しかし、実際の受け入れ側の現場はどうなっているでしょう。

無償化となると、これまで以上に幼児教育を受けるお子さんたちが増えるわけです。だれが教えるのでしょう。先生方の補充が必要になってきます。教育の質と密接に関係してくる「先生の質はどう保たれるのか」、そして「どんな教材・教具を使うのか」といったことを考えなくてはなりません。この二つはいま世界中の幼児教育で課題となっています。

そんななか大阪市は、すべての子どもが等しく教育を受けられる環境作りを進めるという観点に立ち、2016年から5歳児、2017年からは4歳児の教育費も、国にさきがけ無償化に踏み切りました。市の教育改革政策は無償化だけにとどまらず、先生の人材育成にものりだしました。その一環として幼児教育に関する就学前教育カリキュラムなどを大阪スタンダードとしてつくるにあたり、大阪市教育委員会から、「市の特別参与として手伝ってもらえないだろうか」と委嘱の依頼を賜りました。

人材育成に関しても、これまでの経験が社会のお役に立てればという考えからチャレンジすることにいたしました。

落ちこぼれ児童――過去の失敗の轍《てつ》を踏んではならない

先生や教材・教具の他に心配なのは、幼児教育制度に小学校とのつながりがまったく見られないことです。なぜ小学校との関連を問題にするかというと、日本の小学校では1970年代に「遊び保育」一辺倒がもたらした矛盾が社会問題化したことがあったからです。

それは、小学校入学前から内在化していた子ども間の学力差が、小学校でさらに開き、中学、高校時に表面化して、授業についていけない生徒が数多く出たことです。授業についていけないこの生徒たちは当時〝落ちこぼれ〟と呼ばれました。

実は子どもは、幼児期の家庭環境や生活の仕方によって、小学校入学時の4月にはすでに学力差がついているのです。「幼児のうちは身体を丈夫にして楽しく過ごし、勉強は小学校に入ってから」という考え方は、このように間違っていたことが実証済みで、そういった事態を再度起こさないためには、小学校の教科を見すえた幼児教育を準備しなければならないのです。

そこで、就学前の準備として私が提唱したのが、「教科前基礎教育」です。幼児期に学ぶ基礎教育が小学校の教科とつながっていることで、授業についていけない子どもを生み出さないように考えたものです。

大学の入試改革よりもいま必要なこと

世界の変化の潮流にしたがって、文部科学省は2020年に教育改革を行なうことを発表しています。大学の入学試験は、これまでのセンター試験を廃止し、「大学入学共通テスト」を新設。テスト形式はこれまでのマークシート方式と記述式を併用するようです。

こうした日本の教育制度の最終段階の改革がスタートしますが、大学の試験問題が変わるからといって大学入試対策を問題にすればいいだけではありません。むしろいま本当に必要なのは、幼児期から柔軟性があり論理的な頭脳をつくり上げていくことだと思います。

しかし、この大学入試改革の変化を私は歓迎します。大学に入る人材の育成方法が変わるということは、その前段階の高校教育のあり方が変わるということであり、それ以前の中学校、小学校もこの改革の狙いである「自分の意見を論理的に伝える能力を備えたグローバルな人材の育成」を目指すようにドミノ式に変わっていくはずなのです。

その結果、幼児教育にも光が当たり、改革の必要性を多くの方に理解していただけるようになるのではと期待せずにはいられません。

ヘックマン教授が指摘した幼児教育の重要性

幼児教育が一生を左右する――ヘックマン教授の研究成果

いま、世界中で幼児から大学まで教育の見直しが行なわれています。そんな中、2013年、世界の教育者だけでなく行政の目までもが幼児教育に注がれることになりました。きっかけとなったのは、2000年にノーベル経済学賞を受賞したシカゴ大学の労働経済学者であるジェームズ・J・ヘックマン教授が出版した著書『幼児教育の経済学』（東洋経済新報社、2015年）でした。ここで紹介されたヘックマン教授の説によって、世界中の目が一挙に幼児教育へと注がれたのです。

ヘックマン教授はその中で、「就学前（幼児期）の教育の質が、大人になってからの経済力や生活の質を高めることに影響する」という研究成果を発表しました。つまり「5歳までの教育が人の一生を左右する」という大胆な仮説です。

ヘックマン教授の仮説はアメリカ・ミシガン州で行なわれた「ペリー就学前計画」という研究に基づいているものです。

ペリー就学前計画とは、1960年代にハイスコープ教育財団が行なった社会実験です。

貧困やＩＱの数値などから学業不振に陥る危険性のある子どもたちが、幼児教育によって人生を良くすることができることを実証したプログラムで、その追跡調査は現在も続いています。

具体的には、シカゴのペリー地区の、経済的に余裕がなく幼児教育が受けられないアフリカ系アメリカ人の貧困世帯の3～4歳の子どもたち123名（被験者58名、非被験者65名）を対象に幼児教育への介入を行なったものでした。

123名は無作為に二つのグループに分けられました。一つのグループには就学前に週3回、プリスクールに2年間通ってもらい、さらに週に一度、教師による家庭訪問も行ないました。もう一つのグループには就学前のプリスクール教育はまったく施されませんでした。

この実験の被験者と非被験者の追跡調査は、その後約40年間にわたって行なわれています。子どもたちが5歳になったときは、就学準備の調査をしました。14歳のときは学校の出席と成績を、19歳の時点では高校の卒業率を、27歳と40歳の時点では収入や逮捕者率、持ち家率などを調査しました。その結果、被験者のほうが非被験者より優秀な結果をもたらしたことがわかったのです。現在は、被験者が50歳になったときの追跡調査の準備にかかっているそうです。

その子どもたちの人生が好転した結果、彼らは犯罪への道を歩むことは少なく、犯罪の対応に使われる費用の減少、成人後の納税による市の収入の増加を考慮すると、27歳の時点でプログラムの費用1ドルあたり7・16ドルのリターンがあるという費用便益分析の結果が出たそうです。これを検証したのがヘックマン教授でした。

幼児教育がもたらす経済的効果

労働経済学者であるヘックマン教授の「教育」に対するアプローチは、幼児教育を専門とする私とは異なります。労働経済学では、「教育」を個人の所得や労働生産性を伸ばすための「投資」としてとらえています。ヘックマン教授の研究から導き出された成果をわかりやすく言えば次のようになります。

国家や社会が幼児教育にお金をつぎ込めば「初期コストは大きいけれど、長期的にみれば税収入が増えると同時に、教育や福祉に関する社会の負担は軽減され、人生を脱線して刑務所へ行くことなどがないため更生にかかるコストも減る」というものです。

他にも興味深い数字があります。

ヘックマン教授の計算によると、幼児教育に投資したことによってもたらされた社会の利益は、戦後から2008年までのアメリカ株式の配当利回り5・8％より高い6〜10％に達したというのです（「朝日新聞GLOBE」2017年6月4日）。

このようなヘックマン教授の指摘によって、各国は国の教育制度を見直し、教育改革に取り組みはじめたというわけです。

非認知能力が日の目を見た日

つまり、ヘックマン教授は幼児教育の経済的側面について論じただけで、教育の中身の話をしたわけではないのですが、この発表は幼児教育の世界においてもある大きな功績がありました。『幼児教育の経済学』の解説「就学前教育の重要性と日本における本書の意義」で、大阪大学の大竹文雄氏が次のように述べています。

ヘックマン教授の就学前教育の研究は、二つの重要なポイントがある。第一に、就学前教育がその後の人生に大きな影響を与えることを明らかにしたことである。**第二に、就学前教育で重要なのは、ＩＱに代表される認知能力だけではなく、忍耐力、協調性、計画力といった非認知能力も重要だということである。**（太字著者）

点数をつけて優劣を競うことはできないが、生きていくうえで必要な「非認知能力」をクローズアップし、その重要性を指摘したのです。しかも非認知能力は、次のようなすばらしい副次的効果があるというのです。

〝小さいころに学習経験を積み、努力することを覚えた子どもは、その後新しいことに興味をもち、新しい知識を得ようとする旺盛な意欲を示す〟

ヘックマン教授は研究の中で、「貧困から抜け出るためには、環境に加えて、本人たちの〝気力〟や〝意欲〟の度合いが大きい」ということを述べていますが、これが非認知能力を重視する根拠となっているようです。

これまで非認知能力は、一般的に点数のつけられない絵画や音楽など芸術面の才能として理解されていたように思います。ところが、ヘックマン教授が唱える非認知能力には「やる気」「根気」「意志力」「対応能力」「創造性」「協調性」といったより幅広い内容が含まれており、そういった個人の非認知能力をもっと積極的に能力として評価すべきだ、というのです。

ヘックマン教授の、「5歳までの教育が人の一生を左右する」という仮説とともに、これまで焦点の当てられなかった非認知能力が人生に多くの貢献をする能力であり、また小さいうちに学ぶことの楽しさを知ることで、学んだことがベースになってより次元の高い学びを目指す「学びが学びを呼ぶ」現象が起こる、というこの理論も、新しい視点として注目に値します。

世界から後れをとる日本の幼児教育

海外で実感する幼児教育への関心の高さ

46年間、現場での実践をふまえてつくり上げた「KUNOメソッド」は、海外からも高い評価をいただき、アジア地域を中心に幼稚園や幼児教室で採用されています。

「KUNOメソッド」とは、詳しくは後述しますが、**世界の幼児教育の先達の理論を基礎とし、教室での実践をとおして研究を重ねつくり上げてきた「思考力を育てる基礎をつくる体系的な教育法」です。**現在は、韓国、中国、ベトナム、シンガポール、タイ、インドネシアなどで、現地の方々や駐在する日本人の子どもたちから、日本と同じカリキュラムで学習したいという要望があり、導入が実現しています。オリジナル教具や教材についても大勢の方に支持していただき、韓国ではすでに約1万2000人（2018年4月現在）の子どもたちが家庭学習用に使用しています。

さらに、「KUNOメソッド」で学んでいる世界各地の幼児教室からは、現地でセミナーや模擬授業をやってほしいという要望をいただきます。そんなわけで年に何回か海外へ出張するのですが、日本では、セミナーの後に私が受ける保護者からの質問といえば、間違いなく小学校受験に関しての悩みです。しかし、海外では異なります。小学校受験のない国でも、幼児教育セミナーに参加された多くの保護者の方々が、質疑応答になるとこの教育を受けたあとの将来的な効果を聞いてくるのです。

なぜだろうといつも不思議に思っていました。なぜ幼児教育に対する期待がこんなにも高いのでしょう。2006年くらいから海外でセミナーを行なってきて、最初のころに感じていたそうした疑問が、最近やっと解けたような気がします。

それは、これらの国には、教育によってしか貧困から脱却できないという事情があるのです。逆にいえば、大学教育さえ受ければ経済的に豊かな生活も夢ではない。発展した中国でも、まだそういう状況があると聞いています。それも自分の家族だけでなく、一族郎党の浮沈がかかっている場合もあるというのですから、幼児のときから良い教育を受けさせ、良い大学を目指すことに必死なのです。日本とは事情がかなり違います。

日本が「遅れている」と思われる理由

このような事情があるにせよ、海外へ出て外の空気に触れてみると、日本の幼児教育が世界、とりわけアジアの新興国に比べて遅れていると実感します。

私が訪れたアジアの新興国では、社会の発展に寄与するための人材作りを目的とした

「意識的な教育」に幼児期から取り組んでいる姿が目につきました。「意識的な教育」とは、これからのグローバル社会を見すえ、「新しい社会で役に立つ人材を育成する」という明確な目的意識です。

想《おも》い描く未来社会の姿から逆算した、今日的な教育法をとっている新興国と、過去からのやり方を引きずって知育に重きをおかない、いわゆる「遊び保育」を続けている日本とでは、どちらが時代に合っているかはおのずと明らかです。そこに、進んだ教育と遅れた教育という質的な差を感じますし、時代とのズレも感じます。

20世紀のアジア諸国は、近代を迎えるのに時間差があったため、教育の発展も国によってバラつきがありました。しかしいま、世界はＡＩ時代のスタートを同時に切るわけです。それなのに日本ではそういったグローバル社会に適応した幼児教育を施していない。そこに私は時代とのズレを感じたのです。

世界から否定的評価の声も聞こえる

目的意識を持った幼児教育と、いまだ遊び保育が主体の日本の幼児教育をあらためて考えたとき、その評価はさまざまです。しかしこれまで会った海外の教育者との会話では、日本の遊び保育に否定的な発言があったと記憶しています。

中国の幼児教育の第一人者である大学教授と話したときのことです。この先生は、ピアジェ理論（後述）を中国に導入された方です。米国に留学後、中国の教育部門の責任者になられました。日本で開催される会議にも頻繁に参加されており、日本の幼稚園や保育園の現状もよくご存じの方です。

中国のホテルの一室で、私たちが実践している幼児教育の内容を映像でお見せしたところ大変高い評価をいただきました。そのうえで、「日本の幼児教育をどう思われますか」と尋ねたところ、

「これまで、日本の遊び保育はとても良いと思ってきました。しかし、これから優秀な人材を育てなければならない中国の幼児教育を考えたとき、目的を持たずに、あんなにのんびりした考えではいけないと思うようになりました」

と、日本の幼児教育を厳しい目で見ておられました。ＡＩ時代の到来で人間の果たす役割が変わろうとしているときに、日本の旧態依然とした幼児教育は、教育後進国の姿と映

ったのではないでしょうか。

また、香港《ホンコン》のあるキリスト教系の保育園を訪ねたとき、2歳の子どもたちが、英語やコンピューター教育を受けている現場を見たあと、「日本の幼児教育をどう思われますか」と園長に尋ねてみました。この先生も日本に何回も来られたことがあり、幼稚園や保育園の現状をよくご存じのシスターでしたが、開口一番、

「本当にゆとりがあって、私もそのような考えでこの園を運営したいと思っています。しかし、知育を何もしないで遊ばせるだけの保育をやっていたら、保護者の方々は明日から子どもたちを他の園に通わせるでしょう」

と言っておられました。香港では保護者の知的教育への要求が高く、それに応えられるような内容を準備しないと、子どもたちは集まらないと述べていました。

以上の例から、私は幼児に時間割をつくって英語をやるべき、コンピューターをやるべきと言っているわけではありません。ただ、日本も幼児教育の目標を国や社会がはっきりさせ、幼児教育に対する意識をもっと強く持つべきだ、と言っているのです。

実際に海外の幼稚園や保育園を見学すると、子どもに与えたい教育の目的はどの国でも

はっきりしています。それは園でありながら小学校のように40~45分間を1単位として時間割がつくられ、体操・音楽・英語・コンピューター・思考訓練といった課題が1日の園生活の中に組み込まれていることを見ればわかります。日本の社会からは批判が出そうな事態です。こういった園の教育と最初に出会ったのは香港でしたが、他国でも同じような考え方で1日の課題が組まれています。日本の幼稚園では考えられない、明確な目標を持った教育が幼児期からなされているのです。

それに比べて日本の幼児教育は、考え方においても、実践においてもなぜこんなに後れをとってしまったのでしょうか。現実を見比べてみると暗澹《あんたん》たる思いです。

そもそも「遊び保育」とは

「遊び保育」——現在、世界を見回しても日本でしか通用しない言葉かもしれません。前述したように、アジアの新興国は、国や社会を建設する人材を育成するという目的意識を持って幼児教育に取り組んでいます。世界の多くの国では、「遊び保育」とは反対の、計画的に練られた幼児教育を施す方向へ向かっています。

ところが、日本の幼稚園ではいまだに「遊び保育」が支配的で、幼児期に「知的教育」は必要ないとされているのが現状です。知的教育は小学校へ上がってからというわけです。なので、幼児教育における知育の中身について、これまで議論されたことはほとんどありません。いくら無償化や教育の制度改革が行なわれても、教育の中身の議論がされない限り、思考力のある人材の育成にはつながりません。

私は遊び保育を否定しているわけではありません。しかし、**子どもが遊びで体験したことや、生活の中で得た経験をそのままにしておくだけでは、思考力を育てる「栄養」にはなりにくいのです。「遊びは大事」ですが、「遊ばせておけば自然に思考力が育つ」というわけではありません。実生活の具体的な体験を抽象化し、概念化して思考力へと昇華する橋渡しの役を担うのが知育の役割です。しかし、現在は知的教育がないので、その〝橋渡し〟ができないのです。**

ものごとに積極的に働きかけていく「遊び」は、主体的な学習の原点です。しかし、それをそのままにしておくのではなく、教科とのつながりでとらえ、経験のふり返りを学習として組み立てる必要があります。そのために、小学校の教科につながる基礎教育が土台作りとして必要なのです。

幼児期の「知育」が軽んじられる風潮は正すべき

日本の幼児教育において、知育が軽んじられているという現状をどう理解すればいいのでしょう。なぜ、このような事態になってしまったのでしょうか。原因があるはずです。

そんなことを考えているさなか、偶然あるサイトに思わぬ文章を見つけました。『「食道楽」の人　村井弦斎』（岩波書店）で2004年度サントリー学芸賞を受賞した、ノンフィクションライター黒岩比佐子氏が連載していたサイト「『食育』の先駆者・村井弦斎」の第3回目でした。黒岩比佐子氏は、「小児には徳育よりも知育よりも体育よりも食育が先」と謳った明治の小説『食道楽』の作者村井弦斎の評伝を執筆した関係から、このテーマを書いたようですが、その中で当時の時代背景について述べています。

明治新政府は、優れた人材を育成し先進国に追いつくために新しい教育制度が必要だと考えたというのです。1871（明治4）年には文部省が創設され、その翌年には学制が施行されました。福沢諭吉が著した『学問のすゝめ』にもある教育の三育「知育・徳育・

体育」が定着したのは、イギリスの哲学者であり社会学者だったハーバート・スペンサーの教育論の影響が大きかったようです。黒岩比佐子氏によると、当時論争になったのは三育の優先順位だったそうです。ちょっと長くなりますが引用してみましょう。

当時の日本で問題になったのは三育の優先順位で、日本人は西洋人に比べて体格が劣るという理由から、「体育」を重視する一派がいました。対外戦争に備えた軍国教育の一環として、体育が重視されるのは当然だったともいえます。一方、極端な欧化政策への反動から、儒教主義を唱えて「徳育」を重視する人々が登場してきたことで、「徳育論争」が始まりました。その後、「徳育重視」派が盛り返し、1890（明治23）年に公布された「教育勅語」では、当初の草案から知育と体育を縮小し、徳育を柱とする教育へと大幅に修正されています。「教育勅語」以後、それまで他学科の一番下に位置づけられていた「修身」が、首位に移されることになり、大正・昭和を通じてこの順位が変わることはありませんでした。

以上のように、明治時代の三育の論争の中で「知育」は低い扱いでしかありませんでした。西欧に追いつき追い越せ――を標榜していた明治政府であれば「知育」こそ喫緊の課題だったと思われますが、不思議なことに知育はあまり注力されなかったようです。

明治時代初期のこういった事情が、2度の戦争をまたいで21世紀の今日でも保育園・幼稚園で「知育」を軽んじていることの遠因だとしたら、早急に改める必要があります。

日本はすべてが相変わらず予備校化

なぜ日本の幼児教育の本流が「遊び」か、という歴史的経緯はさておき、幼児期の知育が軽んじられる理由は、現実から推察するに、日本の教育全体にいまだにはびこる「予備校化」意識が背景にあるのではないかと思います。小学校は有名中学に行くために、中学校は良い高校に行くために、高校は良い大学に行くために、そして大学は日本のトップ企業に就職するために予備校化している、ということです。

将来、上級学校に行って何を学び、どのような能力を身に付け、どんな仕事に就いて自己実現していくのか。また、その能力を活《い》かし、どう社会貢献していくのかといった視点が欠落してしまった結果、入りさえすればそれで完了、といった考え方が支配的になっているように見えます。

そうした考え方の人にとって、幼児期の知育とは、小学校受験のための「教え込み教育」になってしまうでしょう。幼児期の基礎教育が将来の学習の基礎をつくるという考え方もできないだろうし、新興国のように、「教育投資」として幼児期の基礎教育に期待するといった考え方も、まだ日本では成熟しないでしょう。

「思考力を育てる」というわれわれの意図的な幼児教育が、「どうせ〝お受験〟が目的だろう」と陰で誤解されたり、英才教育だからうちには関係ないと思われたりする「貧困な発想」から脱しない限り、近隣諸国からますます後れをとり、いわゆる「日本の幼児教育のガラパゴス化」が助長されるような結果になってしまうでしょう。

また、幼児教育が旧態依然として変化しない原因の一つに、保護者の方々の意識もあるように思われます。幼児教育に関して、世論の「変革の声」といったものを聞きません。それは、子を持つ日本の保護者の方々があまり変化を望んでいないからなのでしょうか。

しかし、本書で警鐘を鳴らしているように、幼児教育の改革こそ急務です。それがなされない限り、幼児期以降の日本の子どもたちの学力向上もままならないと思います。

認知能力と非認知能力を対立させない

幼児期から小学校1年生の教科へつながる橋渡しが必要だ、という幼児教育の世界的流れに反するように、日本には「幼児期には遊びが大事だ」と主張をする人々がいます。そのウラには、世界の幼児教育に影響を与えたヘックマン教授が主張する「非認知能力」の評価の仕方に違いがあるように思えます。

IQなどで測れる「認知能力」と同時に「非認知能力が重要」だという新しい指摘は、知識偏重のこれまでの教育を変革するには、たしかにうってつけのスローガンですが、認知能力と非認知能力は対立させるようなものではありません。

もともと非認知能力は、認知能力があってはじめて成り立つ概念で、その中身である意欲や忍耐力、協調性、粘り強さといった一つ一つは、日本でも昔から大事だと言われてきたものばかりです。しかしながら、非認知能力という、聞きなれない言葉を聞いたとたん、何か新しい授業が必要なのではないかという混乱が起こっているように思います。幼児教育の世界でも、「5歳までの教育が人の一生を左右する」というヘックマン教授の仮説に、保護者も教育者も「では、どうすればいいのだろう」という戸惑いが見られます。

そんな中、「遊び保育こそが、非認知能力を育てるための最高の方法だ」と〝守旧派〟は勢いづいています。最近は「遊び保育」という言い方に誤解が生じると考えたのか、「経験主義の教育」という表現をすることもあるようです。「知育」と「遊び」を対立させたのと同じ図式で、「認知能力」と「非認知能力」を対立させ、結果「知育」ではなく「遊び」をすることで「非認知能力」が伸びるという理解が横行しているようですが、これは大きな間違いだと言わざるをえません。

教える側がかかえる問題

教育業界の階層性——保育園は一番下位

幼児教育のかかえる問題は「遊び保育」だけではありません。子どもを教える側にも課題があります。

まず、教える側の人材確保は深刻です。幼児教育の先生は社会的になかなか光の当たらない職業です。学生時代、私が担任の教授に連れられて、教育に関するある学会に出席したときのことです。そこで知った現実は、当時世間知らずの学生だったからでしょうか、私にその世界で生きることを躊躇《ちゅうちょ》させるに十分でした。

その学会では大学の教授が一番偉く、次に高校、中学、小学校、幼稚園と格付けされ、保育園の先生は一番下におかれて何も発言できない雰囲気がありました。幼児教育の世界を改善する案があっても、発表する機会さえ与えられていないようでした。当然のように給料も安く、このような世界に優秀な人材が集まってくるとは、とうてい思えませんでした。

私はそのとき、幼児教育の先生たちが誇りをもって仕事をし、社会から評価されるような世界にしなければいけないと思ったことを覚えています。しかし、残念なことに日本の現実はまだ旧態依然としています。大学教育の改革よりも、幼児教育の改革のほうがどれだけ大事か。そのことに教育関係者が気づかない限り、日本の幼児教育はますます他国に後れをとってしまいます。変革は、下からの改革の声と上からの政治の力が合わさってこそ日の目を見るのではないでしょうか。

教師も親も教え込みから脱却できない問題

ただ、幼児教育の世界の現状がそうだからこそ、人材育成はやりやすいという面もあります。幼児教育では知育の領域だけが昔から重要視されてこなかったので、知育教育に関する指導者育成のノウハウが蓄積されていません。逆に言えば、ガチガチに固められた指導者育成の旧いマニュアルがないため、先生の育成段階から、教え込みとは無縁の、思考力を育てる教育方法を学んでもらうことが可能です。

しかし、人材育成に関しては、以前、韓国から来られた視察団の先生を対象にセミナーを行なったときにも問題を感じました。その先生は、

「久野先生が行なっている教育はとてもすばらしいと思うのですが、私たちにはとうていできません」

と言うのです。「なぜですか？」とお聞きすると、

「私たち自身も韓国で教え込み教育で育ち、それが教育の姿だと信じて指導されてきたので、授業をしながら子どもの能力を引き出すとか、子どもの反応に応じてやり方を変えて教えていくなど無理です」

と言うのでした。韓国は日本以上に教え込み教育ですから、こういう発言が出ても仕方ないとは思いました。また、シンガポールの先生方は、

「ＫＵＮＯメソッドの理念は理数系の考え方が中心ですが、幼稚園の先生方は理数系が苦手なので、この教育法を幼稚園でやるには難しすぎる」

とおっしゃっていました。人材を育てるにあたって、いろいろ考えさせられる体験でした。

この教え込み教育によって子どもがやる気を失い、思考力を育成するせっかくのチャンスを遠ざけてしまう問題は、海外だけに限りません。**日本の保護者たちもまた、教え込み教育で育ってきているため、幼児に対する接し方が自分の体験から脱却できない傾向がみられます。**

小学校受験のために、多くの過去問に挑戦することこそ勉強の充実と思っている親、わ

が子が正解しないとガッカリし、子どもに失望感を覚える親、紙に印刷された問題こそがすべてであり、その問題で満点をとることを至上の喜びとする親。時代の趨勢《すうせい》が〝ペーパー主義〟を過去のものにしようとしているのに、そのことに気づかず、自分の過去のモノサシでしか、わが子を見つめられない方がいらっしゃることも事実です。

自らが受けてきた教育法が身体に染み込み、旧い教育観からいまだ脱却できていない方々も、ペーパー主義と決別し、非認知能力という新しい価値を積極的に理解し、子どもたちと向き合って歩んでほしいものです。

教え込み教育からの脱却は、教える側の人材育成と表裏一体をなす保護者の側の意識改革の問題でもあるのです。先生像とともに保護者の考え方も一新する必要がありそうです。

国の教育方針に幼児期の「知育」の位置づけがない

いま、日本では、さまざまなレベルで「教育改革」が行なわれようとしています。幼児教育に関しては、「幼保一元化問題」や「幼小連携のあり方」、また「無償化」など多くの課題をかかえています。これまでの議論の多くは、制度・政策上の改革が中心になっていますが、一番忘れてはならないのは教育内容の改革です。

これまでは「幼稚園教育要領」や「保育所保育指針」「幼保連携型認定こども園教育・保育要領」など、小学校でいうところの学習指導要領のようなものがあり、それに基づいて各園で教育内容が工夫されてきました。

また、他園との差別化のために、英語教育や漢字教育を取り入れたり、算数教室を行なったりしている園もあります。これは一見、知育を大事にしているように見えますが、毎日の園での生活や遊びに根ざした教育ではないため、知識先行の先取り教育となってしまっているところがあります。

私が考えている「幼児期にやるべき基礎教育」とはまったく正反対のものが「意図的な教育」と称して行なわれているのです。いったいなぜ、こんなことになってしまうのでしょうか。最大の理由は、幼稚園を管轄する文部科学省にしても、保育園を管轄する厚生労働省にしても、認定こども園を管轄する内閣府にしても、幼児期における「知育」の位置づけがまったくなされていないからです。

たとえば、「幼稚園教育要領」の中で〝知育〟は「環境」という領域の中に入っていますが、「数」に関する記述でそれらしいのは「(9) 日常生活の中で数量や図形などに関心をもつ」。これだけです。これでは現場の先生が教え方を工夫しようにもできないばかりか、あまりにも漠然としすぎているために、受け取る先生の力量によって、それぞれ全然違った実践内容になってしまうことがありうるのです。

このままでは、日本の幼児教育はますます世界から後れをとることになるでしょう。

曖昧な保育要領では何も変わらない

世の中はＡＩの世界同様、すさまじい速さで変化しています。その変化に遅れまいと文部科学省も動き出しました。２０１７年３月31日、幼稚園教育要領、保育所保育指針、幼保連携型認定子ども園教育・保育要領が同時に改訂されました。その中で注目されているのが「幼児期の終わりまでに育ってほしい姿」と題された次の10項目です。

1　健康な心と体
2　自立心

3　協同性
4　道徳性・規範意識の芽生え
5　社会生活との関わり
6　思考力の芽生え
7　自然との関わり・生命尊重
8　数量や図形、標識や文字などへの関心・感覚
9　言葉による伝え合い
10　豊かな感性と表現

この「幼児期の終わりまでに育ってほしい姿」という曖昧な表現を目にしたとき、私は〝またか〟という思いでした。この10項目をもってしても、いま現場の人間が一番明らかにしてほしい、幼児教育の明確な目標が示されているとは、とうてい思えません。相も変わらず抽象的な表現で、これまでの指針となんら変わりません。なぜ「〜ができるようにする」といった表現にしないのでしょうか。教育行政の意思が欠落しているようにも受け

取れます。

ヨーロッパはもちろん、東南アジアの国々でも、世界の幼児教育は知的教育を主眼においた「幼児教育の学校化」が主流です。「学校化」といっても小学校の授業を幼児教育に前倒しで持ち込もうというのではありません。小学校に上がったときに、教科学習にスムーズに取り組めるような準備を幼児期にするということです。そのために計画されたプログラムにしたがって幼小一貫教育を行なおうというものです。

子どもの考える力を日々の授業活動の中で模索し、思考過程をいかに言語化させるかについて悪戦苦闘しているわれわれから見れば、まったく曖昧な心情主義とも言うべき方針書では、現場は何も変わらないと思います。掛け声だけが大きく具体的な内容について論議のない日本の「幼児教育改革」は、いったいどこに向かって行くのでしょうか。

インターナショナル・スクール人気が高まる理由

日本の園がこのような現状のため、「こぐま会」の教室に通う子どもたちの中には、インターナショナル・スクールの幼稚園に通い、日本の私立小学校を目指す子どももいます。

また逆に、現在は日本の幼稚園に通っているけれど、小学校からはインターナショナル・スクールに入れたいという計画をもって教室に通われるご家庭もあります。

詳しく調べたわけではありませんが、いま、子どもをインターナショナル・スクールに入れたいと願うご家庭が増えているようです。その背景には何があるのでしょうか。

あるご家庭のお父さんは、以前、

「将来、この子たちは、世界を相手に仕事をしなくてはならなくなる。そうなると、いろいろな国の人たちと接しなければならなくなるし、英語力は必須条件だから、小さいうちから英語に接することができるインターナショナル・スクールは魅力がある」

と話しておられました。おそらく多くの場合、「英語力を身に付けるのに一番良い」と考えて、入学させるケースが増えていると思われます。

実際に、東南アジアの国で講演し、幼児教育関係者にお会いしてお話を伺っても、どの国でもインターナショナル・スクールは人気があり、特に富裕層の子どもたちが通うケースが多いようです。

最近は、日本でも2014年に軽井沢に開校したISAK（インターナショナル・スクール・オブ・アジア軽井沢。現ユナイテッド・ワールド・カレッジISAKジャパン）が話題になっています。次世代のリーダーを志す15歳〜16歳の少年少女が世界中から集う、日本ではじめての全寮制インターナショナル・スクールです。

授業はすべて英語。世界各国の大学への入学資格として認められる国際バカロレア（IB）が取得できるプログラムや、米スタンフォード大学発祥で、リーダー養成のために世界の教育現場が注目する問題解決の実践的な手法「デザイン思考（Design Thinking）」（よく例えられるのが汚れたトイレの例ですが、汚れたトイレをきれいに掃除する手法を考えるのではなく、そもそもトイレを汚さない方法を考える、というような思考）も授業に取り入れられているということです。

また、ある日の新聞では、「日本でインド式教育　IT立国支える理数脳づくり」と題した記事が掲載されていました（「日経電子版」2014年10月17日）。最近、来日するインド人技術者が増加したため、日本国内で「インド式教育カリキュラム」を取り入れたインド人学校が相次ぎ開校、記事で紹介された学校は日本人が全体の4割弱という盛況ぶりだそうです。今後、日本の子どもたちの入学の選択肢の一つになるかもしれないと報告していました。

そこでは、理数科目と語学を重点強化するだけでなく、ＩＴ教育にも力を入れ、日本では幼稚園の年長に相当するクラスから実施しているとか。授業は原則英語で行なわれ、第2、第3外国語も勉強し、フランス語・日本語・ヒンディー語の中から自由に選択でき、ヨガの授業もあるということです。インド人学校東京校は、開校当初50人ほどだった生徒が、2014年には352人に膨れ上がり、そのうち日本人が129名（37％）いるそうです。学費も一般のインターナショナル・スクールに比べて半分から3分の1程度の水準で、これが大きな魅力になっているようです。

このようにいわゆるインターナショナル・スクールに人気が集まるというのは、子どもに英語を身に付けさせるためだけでなく、日本の学校にはない教育に魅力を感じるからだと思われます。

インド式かけ算で理数脳が発達するわけではない

「外国の教育法で知っているものを挙げてください」という質問をしたときに、インドの数学教育を思い浮かべる人もいるのではないでしょうか。インド式教育といえば、すぐに思い出すのが「インド式かけ算」。日本では小学校2年になってかけ算の「九九」の学習がはじまりますが、このインド人学校では、日本の年中に相当する学年からはじめます。それだけでなく、インド式かけ算は「九九」の範囲を超えて、2ケタ同士のかけ算をやっていることをご存じの方も多いでしょう。しかし、「インド式かけ算」が理数脳作りに直結していると考えるのは短絡的な発想だと思います。

世界のIT業界でインド人が活躍していることは事実です。それを支える教育がインド式教育であることは間違いないでしょう。ですが、「理数脳」を生み出す育成法は、決して算数漬けの教育だけではありません。事実、このインド人学校東京校でも、算数嫌いを出さない仕掛けづくりとして、道具を使って数字や計算の理念を視覚的、直感的に理解させる「Math Lab（マス・ラボ）」と呼ばれる授業が準備されています。

つまり、暗記の教育ではなく、ちゃんと事物を使って感覚を刺激しながら、数字の世界の美しさや不思議さを身体で感じ取らせる授業が用意されているのです。

日本でも昔から「算盤《そろばん》」という〝計算機〟があり、いまでも算盤塾は盛況のようです。

しかし、計算が早くできることと理数脳を育てることとは、必ずしもイコールではありません。とすれば、何が必要なのでしょうか。

それは、われわれが46年間重視し、実践してきた「幼児期からの考える力の教育」に他ならないと思います。

日本人でありながら、義務教育の段階からインターナショナル・スクールに通わせようと考えているご家庭が増えているということは、日本の学校教育に対し、何か足りないものを感じているからに他なりません。それは日本式教育の堅苦しさや画一的な暗記教育への懐疑も原因の一つでしょう。日本人の親たちが子どもをインターナショナル・スクールへ通わせるのは、決して語学教育だけの話ではないと思われます。

しかし一方で、規律のある集団活動ができ、礼儀正しい挨拶や、譲り合いができるなど、社会規範が身に付く日本式教育が中国や東南アジアなどでは、高く評価されていることも実感します。

そうであるならば、集団の中で子ども同士が刺激し合いながらも秩序ある学習態度を保つ日本式教育法の良さを活かし、足りないものは何なのかを、子どもたちの教育に携わる者は真剣に考えるべきだと思います。

幼児期にこそやるべきことは何か

早いうちから本を読むことはお勧めしない

はじめて子育てを経験なさる保護者の方は何ごとも判断に迷います。「子どもにはいつごろから字を覚えさせたらいいですか」「いつから本を読む練習をさせればいいですか」という質問をよく受けます。

長年、幼児教育の現場に立った経験から、また小学校入学後の国語科につながる幼児期の言語教育はどうあるべきかという視点から見たとき、**幼児期の早い段階から子どもが自分で本を読むことはお勧めしません。**

たしかにわが子が声を出して一人で本を読んでいる姿は、「書く」ことと同じく成長を確認するのにはわかりやすい結果でしょう。親はそういった見える結果を求めたがります。

幼児期に子どもが一人で本を読むことをお勧めしない理由は、「聴く力」を育てるのは、幼児期が一番適しているからです。

文部科学省の学習指導要領には、国語科の学習内容として「聞く力」「話す力」「読む力」「書く力」の4つが挙げられています。日本では江戸時代から寺子屋で習うのは「読み、書き、算盤」といわれたように、「読む」ことと「書く」ことに重点がおかれ、「聞く力」と「話す力」には注力されていませんでした。聞いたり、話したりするのは特別に学ばなくても、そのうち身に付くものだと考えられていたのでしょうか。

しかし、最近では、幼児期は「聴く力」を育み、子どもの持つ想像力を膨らませる時期だと考えられています。私の知り合いの脳科学研究者の話によると、**あまり早くから字を読ませ、絵本も自分で読んでしまうと、聴くことでイメージを広げ考える能力を摘み取ってしまうことになるそうです。そのため、ある時期までは、絵本は自分で読ませるのではなく、お母さんお父さんが読んであげることが、脳の発達には大事だということでした。**

小学校に入るまでは読み聞かせに熱心でも、子どもが1年生になると突然、やめてしまう保護者の方々がいます。「1年生なら自分で読めるでしょ」というわけです。わが子が本をスラスラ読めることを夢見ていた親の期待もあるかもしれませんが、入学式が済んで1年生になったからといって、子どもの心と脳が突然変わるわけではありません。

子どもは本を読んでもらうのが大好きです。保護者の方の本を読む声は、子どもの想像力をかき立てる魔法の声なのです。そういった幼児期の好奇心旺盛な時間を止めて、子どもの「聴く力」の発育を寸断してしまうのは残念なことです。

「聴く力」は試験を突破するカギ

もしお子さんの小学校受験を考えているのなら、なおさら幼児期からの本読みはお勧めしません。

その理由は、近年、受験で求められる学校側の出題傾向にあります。最近の小学校入試を分析してみると、はっきりとした学校側のメッセージが読み取れます。「聴く力」を問うことがどの問題の端々にもあらわれ、「話の内容理解」を重視しているのです。この問題に対応するには、普段からの読み聞かせが欠かせません。集中して「聴く」トレーニングです。

幼稚園や保育園には教科書を使っての勉強はありませんから、小学校受験の出題はすべて口頭か、音声録音によって行なわれます。入試を突破するにも「聴く力」がカギとなるのです。

問題を読み終わるまでに1分近くかかるような場合もあります。そうなると、1回きりの指示を聴き取れる能力がなければ解答に手をつけられません。「話の内容理解」の問題になると、長い話を記憶しながら内容を理解する力も要求されます。それらはともに「聴く」ことによってはじまるのです。

ヘックマン教授が指摘したことで注目が集まっている「非認知能力」の一つとして、最近「コミュニケーション能力」がクローズアップされてきました。その能力を発揮するには「話す力」という自己表現力も含まれますが、もう一つ「聴く力」がどれだけ備わっているかもポイントなのです。

人の言うことを理解しないで、一方的に自分だけが主張するのでは「コミュニケーション」は成り立ちません。人の話をどこまで聴き、理解するかも、大変大事な力です。話すことの前提としての「聴く力」を相当に高めておかなければ、真に「コミュニケーション能力」が高いとはいえません。

いま、この「話す力」「聴く力」が、小学校受験においても大変重視されています。この点については、われわれは従来「聴く力」は「話の内容理解」として、「話す力」は「お話づくり」として授業をしてきました。これは、読書力より「聴く力」を重視しているからです。

他人の意見を理解できるようになり、その後、自分の意見を述べ、「話し合い」ができるようになればしめたものです。

幼児期に「読み・書き・計算」の前にすべきこと

幼児教育の内容に関する議論の中に、「読み・書き・計算」を幼児期に導入してはどうかという声があります。小学校の低学年の内容を少し早めて幼児期の課題にすればいいのではないか、というわけです。一見、もっともな意見のようにみえますが、私はそれには反対です。

「読み・書き・計算」は小学校に入ってからの課題で良いと思っています。算数というのは考える力、論理的な思考力が一番求められる教科ですから、「読み・書き・計算」は小学校で教え、その前の幼児期には論理的思考の基礎を身に付ける必要があると考えます。

ところが、「朝日新聞」２０１４年３月３日の夕刊に、保護者のニーズが高いので、学習塾が保育ビジネスに進出しているという記事が掲載されていました。記事ではある調査を紹介し、「定期的に教材が届く通信教育」に対するニーズが高く、「小学校入学までに読み・書きができるようにしている」と答えたのは、年長児の親で84・８％に達しているという驚くべき数字が出ていました。

また、就学前でも子どもに「読み・書き・計算や英語をある程度身に付けさせたい」という意識は、東京の都心部に住む所得が高い若い親に多く見られ、幼児教室や塾に教育を「外注」したいという意識が働きやすいというのです。この現実に偽りはないでしょう。

しかし「読み・書き・計算」を前面に出し、それを就学前に行なおうという方針は、以下の理由により賛成できません。

１「読み・書き・計算」そのものを行なうことが悪いのではなく、それが幼児期の教育課題の前面に出てくると、「考える力」を育てる大事な基礎教育が置き去りにされてしまう。

2　現在、世界の動きは、「読み・書き・計算」を幼児期の課題にするのではなく、「考える力」や「コミュニケーション能力」「表現力」をどう育てるかに集中しているのに、いま再び「暗記主義」の教育が幼児のうちからはじまれば、世界の動きとまったく逆の方向を向いてしまうことになる。

3　計算ができれば「数概念」がわかったと理解してしまい、ひらがなや漢字の読み書きができれば「国語力」がついたと錯覚する人が大量に生まれることになる。

4　日本の子どもの英語力をどう高めるかという問題が模索されているが、いまのままでは、単語をたくさん覚えれば、それが「英語教育」だと勘違いされてしまう。英語教育がかかえている問題は、使える英語、コミュニケーションの手段としての英語、自分の考えを表現できる英語であり、決して「英語のシャワー」を浴びて育つ能力ではない。

また女性の社会進出に伴って深刻さを増す「待機児童問題」を解決するために、保育ビジネスに異業種が参入してきていますが、そこでは他と差別化するために、教育効果を狙ったさまざまな試みがなされていくと思います。そのとき、読み・書き・計算が早期から導入されることの危険性をしっかり認識しておかなければなりません。もっとも大事なのは「教科学習」へのスムーズな移行を考えた幼児の基礎教育だということを忘れないでいただきたいと思います。

計算が速くできても数概念は育たない

カードを使った幼児教育の教材があります。単語や数字、動物、植物、食べ物などの絵や文字が描かれたカードを、幼児に1秒くらい見せ、次から次へとめくっていき、その後、何が描いてあったか記憶をたどらせるという教材です。このカードについての意見も保護者の方によく求められます。「あの教材はやらせたほうが良いのでしょうか」と。

こぐま会では、子どもに論理的思考を身に付ける教育法を目指しているので、このようなカードに対しては懐疑的です。次から次へと裏返されたカードの図柄を言い当てることは集中力を必要としますし、子どもは見て覚える、聞いて覚えることが得意ですから、これは子どもの特性をうまく使った教育法だとは思います。しかし、私にはただそれだけのこととしか思えません。カード教育によって数概念が育つわけでも、思考力が発達するわけでもないでしょうから。

また、算数の計算の速さを競う塾もあります。この学習法も、すぐに結果が出るので保護者の方が安心できるとは思います。計算が速くできることは学力の基礎としては大事なことですが、計算が速くできたからといって数概念に強くなるわけではありませんし、数式という抽象的な世界の中だけで計算の速さを競うことが論理数学的な思考を育てるとは思えません。

生活の中から問題をつくらせる――考える力の育成

考える力を育てることを大切にしているこぐま会では、数の授業で、たとえば次のような出題をします。このような形で「引き算」の基礎を学びます。

「電車に6人乗っていました。次の駅で2人降りました。何人残っていますか?」

これは残りを求める引き算で「求残」といいます。

「りんごが6個とバナナが2本あります。どちらがいくつ多いですか?」

差を求める引き算で「求差」といいます。

「6人いる子どものなかで、男の子は2人です。では、女の子は何人ですか?」

全体の中の残りを求める引き算で「求補」といいます。

このように、実際の生活場面の話をしながら答えを求めていくことで、引き算の3種類の考え方を学びます。計算だけの世界では、答えの「4」という数字が間違いなければ構わないのですが、こぐま会の問題では、文章を読んでシーンをイメージし、式を立てていく時に論理が必要となるわけです。

こぐま会では、6と2と4という数字を使って「これで問題をつくってください」という、作問の授業も行ないます。問題をつくらせることによって子どもたちに論理を組み立てる力を養ってもらうのです。

思考力を育てる幼児教育ではこれが大切なのです。

計算式というのは、現実の世界で起きているさまざまな事象を、すばやく合理的に理解するために「6－2＝4」という数式に置き換えているだけなのです。ですから、四則演算の学習が終わる3年生以降になって登場する難しい文章題に対応できるように立式、つまり式を立てる論理性を身に付けておく必要があるのです。式が立てば、あとは計算のスピード勝負です。しかし、式が立てられなければ何もはじまらないのです。

文章題ができない理由──論理が把握できていない

算数においては、数概念の育成や算数的論理を組み立てる力を養成することが大事だと思っています。算数の問題を解くということは、現実に起こっている具体的なものごとと、抽象化された数式の世界を行き来すること、つまり現実に起こっていることをいかに概念的に把握し、それを式に置き換えて、図式化していくかということです。

今日、私たち人間にとって重要なことは、目的にかなった問題設定を数式化することです。あとはコンピューターなり計算機がやればいいので、人間がコンピューターと競争することはありません。先生によって用意された数式を「ヨーイ、ドン」で速く、たくさん解くことは、コンピューターにやってもらえばいいことなのです。ＡＩ時代になればなおさらです。

最近、文章題を苦手とする子どもが多いようです。文章題ができない理由は論理的に意味を把握できないからです。問題を読んで、それがどういう式に置き換えられるかがわからないのです。つまり、算数の本質を学ぶことと、カードの絵柄の正解率を競う学習や計算力の速さを競う学習とでは質が違うと考えてください。

小1のスタートラインは同じではない

私が幼児教育を志したときに肝に銘じたことは、「教育の基礎づくりの大切さ」でした。それから46年経ったいま、そのことが間違っていなかったことを世界の動きが証明しています。ヘックマン教授の研究によって、知育の基礎づくりをする幼児教育の重要さが世界で注目を集めているのですから。

幼児期には幼児期独自の教え方がある――これが私の幼児教育についての考え方の基本です。その考えを実践するにあたって欠かすことができない理念の一つが「教科前基礎教育」なのです。

「教科前基礎教育」とは、読んで字のごとく小学校に入って「教科」を学ぶ以前の「基礎教育」のことです。教科とは「国語」「社会」「算数」「理科」「外国語」などの科目です。

日本では幼児教育というと〝お受験〟と結びつけられやすく、「教科前基礎教育」などと聞くと、ますます「お受験モードの深化」と受け取られそうです。しかし、こぐま会が行なっている教科前基礎教育とは、小学校入試のための教育ではありません。小学校に入ってから学ぶ教科の理解をスムーズにするために幼児期のうちにする教育という位置づけです。というのは、小学校1年生のスタートラインは横一線ではないからです。「勉強は小学校に入ってからいっせいにヨーイドンでスタートすればいいんだ」という声もありますが、それは間違いなのです。

小学1年生になると、気持ちも新たに真新しい教科書を開いて「さあ」と授業がはじまるので、多くの方はいっせいに勉強がスタートしたとイメージしがちです。表面的にはそう見えます。

しかし、実際はそうではないのです。いっせいにスタートするのは「授業」なのです。入学までの家庭環境やご両親の問題意識、幼児期のそれまでの経験などによって、小学1年生の新学期初日の授業のときから、すでに学力差はついているのです。クラスメイトの間には、まだテストで点数になっていない目に見えない「差」が存在しています。それは、知力、体力、気力、精神力などあらゆる能力について同じことが言えます。

教育の力によって体験を考える力に引き上げる

教科前基礎教育はその点をふまえた、小学校入学に向けた学習を幼児期に積み上げていこうという考え方です。だからといって小学校でする勉強の内容をやさしくしてやろうというのではありません。

知識の量が「頭の良《よ》し悪《あ》し」を決める時代は終わりつつあります。知識の量は、いまやAIに任せる時代になろうとしています。こぐま会が目指す幼児教育は、将来、思考力に富み、自律した大人に成長するための礎を築くもので、「事物教育」「対話教育」を重視しながら、1回の授業に3つの活動を盛り込んだカリキュラム「三段階学習法」で行なわれます（詳しくは第3章で説明します）。

この「教科前基礎教育」というこぐま会独自の教育法は、数学者の遠山啓《ひらく》先生からヒントを得ています（後述）。遠山先生は、子どもに教えるテーマは身近にある日常から採ることを常とし、生活のなかの算数に関係ある具体的経験から数学的思考を育てていくべきだと述べておられます。こぐま会でも算数は、子どもたちが日々の生活や遊びで経験しているものを教室で再現して教えるようにしています。ここでは「考える力」、つまり論理的な思考力をどのように育てるかが一番のテーマですから、ただ体験をさせればいいということではなくて、教育の力によって体験を考える力に引き上げることを目的とします。

どういうテーマで、どういう素材を用意して、子どもたちの活動を組み立てていったらいいのか。これはとても難しいところですが、子どもたちの反応や理解度を見ながら、教室で具体的な指導内容を考えています。

日常の生活では、3歳～6歳までの期間を「幼児期」とひとくくりに考えますが、この時期は年齢のみならず月齢でも発達の度合いが異なるのです。指導するほうも繊細な神経で発達具合を感じ取らなければなりません。

新しい価値を生み出す能力、そのエンジンが「非認知能力」

ヘックマン教授の『幼児教育の経済学』で話題になった「非認知能力」に関し、さまざまな議論が行なわれています。また、２０２０年の大学入試改革や、「アクティブ・ラーニング」（生徒が受動的ではなく能動的に学ぶことができるような授業を行なう学習方法）など、いくつもの教育問題が新聞や雑誌をにぎわしています。そうした議論の根底にあるものが、「学力中心の教育は、もう時代遅れ」という主張です。

しかし、本当に学力中心の教育は時代遅れなのでしょうか。そうした議論の行きつく先が、一部の人が言うピアノやバイオリンといったような「習い事で非認知能力を伸ばせ」では、あまりにも薄っぺらな結論です。「勉強させるより習い事をさせるほうが、生きる力が身に付く」では、日本の幼児教育はいったいどうなってしまうのでしょう。

非認知能力は、決して数値化される学力の対極にあるものではありません。いま問題なのは、従来の「知識の教え込み」教育では応用する力が身に付かず、実社会の問題解決には有効な力にならないということです。

知識偏重の日本の教育の弊害は、その知識を使い、応用して問題を解決していく力が弱いということです。その力を小学校の学習から育てようという「アクティブ・ラーニング」の重要性が指摘されています。

そのためには、従来のような黒板と教科書とノートを前に、教師が知識の伝達をするのが教育だという概念を変革する必要があります。知識をどのように活かすかは、知識をどのように獲得したかによって決まります。教師が言ったことを、意味もわからず覚えただけではすぐに忘れてしまいますし、本当に身に付いたとは言えません。逆になぜそうなるのかを理解したうえで覚えた知識は、違う問題が出ても、解決に役立つようになります。アクティブ・ラーニングを推奨する理由はそこにあるのですが、その教育法を、いまの学校の教師ができるかどうか不安です。

いま盛んに行なわれている「非認知能力」の議論は、従来の学力観を変える契機としてとても大事ですが、だからといって学力より大切なものがあるという発想では、何も解決しないでしょう。人間の将来を考えれば、やはり学力は大事です。しかしその学力は、これまでのような知識量で測るものではなくなってきているという、学力観の変化があるのです。これだけは覚えておいてください。

ロボットが人間の雇用を半分奪っていくと言われている時代だからこそ、人間の判断力・想像力・新しい価値を生み出す能力は、いままで以上に重要になってきます。それを支えるエンジン部分が、「非認知能力」ではないでしょうか。

つまり、学習する過程に、非認知能力を高める要素を取り入れなければならないということです。そのためには、これまでの「教える－教えられる」関係を変革し、幼児の意欲を高める教育を実践しなければなりません。そしてその場合、個別指導で能力を伸ばすのではなく、「集団の力」をどう活用するかが大事なポイントです。教室に集まり対面での教育を実践する意味を、もう一度考えるべきです。そのためには具体的に何を行なうべきか、次章以降で詳しく説明していきたいと思います。

第2章　本当に必要な幼児教育とは何か

「KUNOメソッド」はどのようにしてできあがったか

こぐま会の誕生

大学の教育学科を卒業後の1972年、大学の指導教官の誘いを受けて一緒に「現代教育科学研究所」を設立し、幼児教育の塾を立ち上げたのが「こぐま会」の原型です。

その前年、ソニーの創立者の一人である井深大《いぶかまさる》氏が『幼稚園では遅すぎる』（ごま書房）という幼児教育に関する本を出版されました。幼稚園から教育しても遅いというのです。刺激的な本のタイトルが人々の耳目をひきつけ、当時、幼児教育ブームが起こりました。おかげで私たちの塾にも予想を超えて生徒さんが集まりました。

ところが、大学の教育学部は出ているものの、幼児教育などはじめての経験ですから大変です。さまざまな先達の書いた本を勉強しながら悪戦苦闘の毎日を送りました。明日の授業はどうしようか、といったことを前日に考えるといった具合でした。そのようにして学んでは実践し、実践しては学ぶということを積み重ね、「KUNOメソッド」の方法論を構築していったのです。

モンテッソーリから学ぶ——感覚教育・集中現象

「KUNOメソッド」をつくり上げるのには、実に約30年の月日を要しました。これは幼児教育の発達理論を過去の文献から学び、それを私自身が子どもたちを指導する現場で実践することによって修正・発展させ積み上げてきた理論です。

私は5人の偉大な先達から学びました。「はじめに」でも少し述べましたが、藤井聡太さんによって注目を浴びたマリア・モンテッソーリ（イタリアの医学博士、幼児教育者、科学者。1870年〜1952年）からも多くを学びました。

これまで、セミナーや模擬授業をさせていただくために何度もアジア各国へ行きました。東南アジアの多くの園は、モンテッソーリ法を使った教育活動を取り入れています。

モンテッソーリは、まだ女性差別が残っていた19世紀末のイタリアで初の女性医師となった人です。彼女は当時、女性差別によって職が見つからず、ようやくローマ大学附属の精神科病院に勤めることができたそうです。この病院で知的障害を持つ幼児を注意深く観察しているうちに、彼女は彼らが感覚的な刺激を求めていることを知ったといいます。そこで指先を使うようなおもちゃを与え治療を試みた結果、知能の向上が見られ、知能テストを受けさせたところ、健常児を上まわる成績がとれたそうです。その結果に世界は驚き、欧米をはじめ世界中の国が彼女が確立した教え方を取り入れたというわけです。

私自身もこの仕事に携わりはじめたころに、足立区梅田の「うめだ『子供の家』」という保育園を見学したことがありました。この保育園の赤羽恵子先生は、日本ではじめてモンテッソーリ教師の資格免許を取得された方で、モンテッソーリ教育の日本でのパイオニアであったと記憶しています。そこで見たモンテッソーリ法の感覚教育や教具のすばらしさは強烈に印象に残りました。

楽しいから「集中」する

モンテッソーリの著作や赤羽先生の本を読むと、われわれ現場の人間にとって、とても大事なことがたくさん書かれていました。

モンテッソーリの教育法には二つのポイントがあります。「敏感期」と「集中現象」です。モンテッソーリは、幼児がものごとに集中して興味を持ち、感受性が特に敏感になる一定期間があることを発見したのです。彼女はその時期を「敏感期」と名付け、その時期、自分に合った「課題」を見つけた子どもは、課題をくり返し夢中になって行なう「集中現象」を起こして能力を獲得するという理論を残しています。

モンテッソーリの教育法では、登園したら「お仕事」と呼ばれる「課題」を一日行ないます。「お仕事」とはモンテッソーリが開発した「感覚教具」を使った作業のことです。それは成長するための「作業」であるので「遊び」という言葉は使いません。

その日の課題は園児が自ら決め、先生が「あれをやりなさい」「これをやりなさい」と指図することはいっさいありません。子ども自身が自ら課題を見つけて事物に取り組む。ここにこそ子どもが集中するきっかけがあるのでしょう。好きなことに取り組むことによって、子どもたちは集中し、できるようになるのです。

モンテッソーリを参考にしたこぐま会のオリジナル教材

ただし、こぐま会の指導法はモンテッソーリ法とは異なります。モンテッソーリ園での子どもの過ごし方は、集中して一人ひとりが好きなことをやりますが、こぐま会の教育は集団で行ないます。しかし、そこにも集中現象は存在します。両者の「集中現象」は、形態は違っても「楽しい」「面白い」ために起こるのです。

学習も遊びの場合とまったく同じで、集中するためには、そこに楽しさが必要だと思います。そのために私たちは、モンテッソーリの感覚教具という、とても優れた教具を参考にしながら、できるだけ生活に即した形でオリジナル教材を開発してきました。

モンテッソーリの感覚教具は五感を刺激するようにつくられているので、視覚、触覚はもちろんですが、聴覚にも配慮されています。臭覚につながっていくような教材もモンテッソーリの教材にはあります。

こぐま会ではそこまでの教材はありませんが、具体的な学習活動の中では、モンテッソーリが考えた敏感期と集中現象に注目し、この感覚教具を参考にしながら自前でオリジナル教材をつくってきました。今後も集中現象を大事にした教材をつくっていかなければいけないと思っています。

ピアジェから学ぶ――「可逆的な思考を育てる」こと

私が影響を受けた2人目は、ジャン・ピアジェ（スイスの心理学者。20世紀でもっとも影響力の大きかった心理学者の一人。1896年～1980年）です。彼の考え方にも多くを学びました。ピアジェ理論は、幼児教育を志す者にとってはとても大事です。しかし、とても難しい。と同時に反対意見もかなりあるようです。

ピアジェは、自分の子ども3人を観察しながらつくり上げた「発達理論」を唱えました。現場で子どもを見ているわれわれにとっては、とてもわかりやすいのですが、それをどのように受け止め、実践に活かすかはなかなか難しい。ピアジェは論理的な思考力を育てるために大事なのは「可逆的な思考」だと述べています。「可逆」とは元に戻りうることです。「可逆的な思考」を説明するときに使われる代表的な心理実験は次のようなものです。

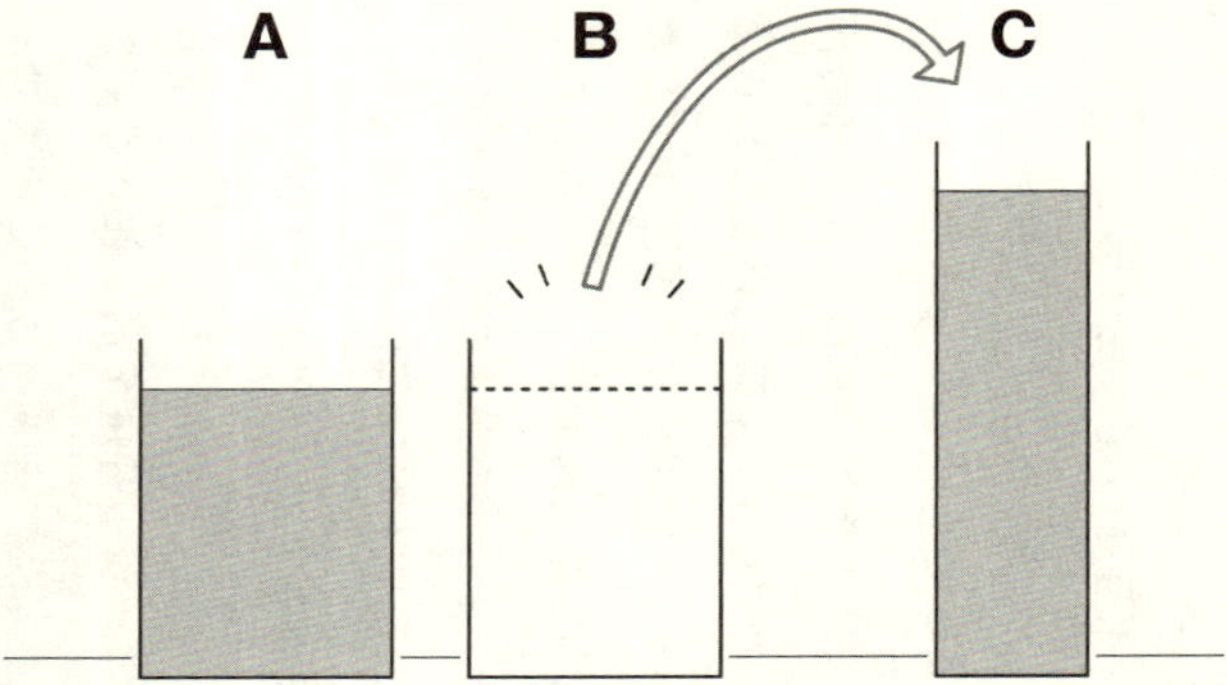

同じ大きさの2つのコップA、Bに、同じ高さになるように水を入れました。
それから、Bのコップの水を細長い入れ物Cに移しました。
残ったAのコップの水と、細長い入れ物の水は、どちらがたくさん入っていると思いますか。

AとBという同じコップに同じ量だけ、同じ高さになるように水を入れます。そして、Bをより細長い入れ物Cに移し替えます。細長い入れ物ですから、当然Cは水面が高くなります。Bの中身はなくなります。では、Aに入っている水の量とCの容器に入っている水の量はどちらが多いでしょうか。

実践では、水をジュースに替えて「ジュースをどちらがたくさん飲めますか?」と問います。このほうが子どもにとって実生活に即しているからです。

そして、ほとんどの子どもが最初はCだ

と言います。「なぜ?」と聞くと、「だって背が高いからこっち」と。そこで、その子の前でCの中身をBの容器に戻して、「じゃあ今度はどう?」と聞くと、これは「同じだ」と言う。でもまたCに入れるとCが「多い」。

つまり、その子の量の判断基準は「高さ」なので、高いほうが多い、低いほうが少ないというのです。

こういう考え方をしている子どもも、少し年齢が進むと、「これは変わらない。AもCも同じだ」と言える時期が必ずきます。

「じゃあ、なぜ同じなの?」と聞くと、「だって、さっき移し替えたときに何もこぼしてないから変わらない」あるいは、「もしBに移したとしたら、きっと同じになるに違いない」と言うでしょう。

「どうしてこれ背が高くなったの?」と聞くと、「だってこれ細くなっているから高くなっている。中の量は変わらない」。

つまり、背の高さで判断していた子どもたちが、「1回元に戻してみたらどうなるのだろう」「容器が細いものに替わった」という別な視点に気づきはじめると、量の評価は、

「待てよ、こっちのほうが多いかどうかわからない。考えてみるとこれは同じなのではないか」という思考になっていくわけです。これは同じ年齢でも月齢によって典型的に違ってきます。

ピアジェは分量が同じと教えることにはあまり意味がないと言っています。大事なのは、いろいろな学習の結果としてこの課題がわかっていったかどうか。それは一つの事象を別の違う角度から考えられるようになることだというのです。

この実験例にあらわれるように、子どもはある一つの視点に着目すると、その視点から離れられないところがあります。これをピアジェは「知的自己中心性」という言い方をしています。「自己中心」といっても自分勝手という意味ではなく、一度一つの観点を見つけると、もうそこからは逃れられない、という意味です。それを「脱中心化」させて、視点をたくさん持たせていく、これが教育の課題としてとても大事なのだと言っているのです。

ピアジェが言っているもう一つの大事な観点は、認識能力というのは生まれながらにして天から与えられているものではなく、自分から事物に働きかけていろいろな方法を試行錯誤しなければ、深まったり身に付いたりしないというものです。

私もこういった認識論を頭に入れながら事物教育をやっています。ただ、「KUNOメソッド」では、ピアジェの理論をそのまま実践しているわけではありません。そこで示唆されたことを受け止めながら実践の場で活かして授業をしています。

ブルーナーから学んだ――「らせん型教育カリキュラム」

私が影響を受けた3人目は、ジェローム・ブルーナー（アメリカの心理学者。1915年～2016年）です。彼も教育に携わる人ならだれでも知っていると思いますが、「KUNOメソッド」を構成する一角を占めている大切な理論の発案者です。

それは「らせん型教育カリキュラム」という教育法で、簡単に言うと、同じことをくり返し学習するなかで、少しずつ難易度をあげ、徐々にレベルアップさせていくというものです。ゆるやかにらせん階段をのぼるように、いつのまにか高いところに上がっていくことをイメージさせます。

この教育法が生まれたのは、アメリカとソ連が人工衛星の打ち上げ競争をしていた時代のことでした。１９５７年、「スプートニク（ロシア語で「衛星」の意）」という人工衛星をソ連に先に打ち上げられたアメリカでは、「スプートニク・ショック」という社会現象が起こりました。冷戦時代、米ソの覇権争いは激しく、その争いは宇宙への進出をめぐってもしのぎを削っていたのです。

敵対国ソ連による人類初の人工衛星の成功は、アメリカ国民を失意のどん底に叩《たた》き落としました。アメリカではそのショックを乗り越えるため、ソ連に追いつき追い越せという声があがりました。それはとりもなおさず、アメリカの科学教育をどうするのかという問題でした。そのとき、教育のレベルアップを理論的に先導した人がブルーナーです。

年齢に関係なく難しいことも理解できる

ブルーナーは『教育の過程』（１９６０年）という有名な本も著しました。そのなかで彼が唱えた仮説は、

「現代科学の基本的な観念・概念は、その子どもたちの発達に合わせれば、どの年齢の子どもたちにも伝わる、教えることができる」

という大胆なものでした。

たとえば、「エントロピー」という難しい概念でも、伝え方によっては、大学生のみならず小学生にもわかってもらうことはできる、という仮説です。ブルーナーはその仮説を実現するために「らせん型教育カリキュラム」というものが必要だ、と言いました。これは学ぶ者がわかるレベルで学習し、理解が深まったら、らせん階段をのぼるように緩やかに学習レベルを上げて次のステップへ移行するというものですが、われわれが幼児を教える場合、この考え方をどのように使えばいいかは苦労します。

幼小期の教え方には昔から、「系統学習」と「生活単元学習」という二つの方法がありました。系統学習とは、一つのテーマについて系統立てて積み上げられた内容を順番に学習する方法で、たとえば計算の学習では、足し算引き算は1年で、かけ算は2年で、わり算は3年で、6年のときには分数のかけ算・わり算を学んでいくという具合です。

一方、単元学習は、子どもが興味を持てる遊びや行動を通して学習的要素を教えていくもので、たとえば、水遊びをする中で色と色とを混ぜ合わせて色の変化を学ぶ場合もあれば、水を違う容器に移し替えて、量の変化を学ばせるというものです。

昔から幼児教育においては「単元学習」か「系統学習」か、という論争があります。系統学習のほうから単元学習を見ると、「いろいろな楽しい経験をさせるのはいいが、それを関係づける教え方をしないと本当の〝学力〟が身に付かない」となるし、逆に単元学習のほうから見ると、「子どもが興味のないこと、必要のないものを教えても身に付かない」となります。

どちらの言い分にも一理あります。だからこそ、こぐま会では、単元学習と系統学習の二つをつなぐものとして、理解が深まったらなめらかに次のステップに移るという「らせん型教育カリキュラム」の考え方を授業に取り入れて実践しています。

学力の転移の見極めが大事

その場合、最初に何をやり、次に何をやるか、という学習の構図をしっかりつくって組み立てることが重要です。

ブルーナーは発達に合わせた教え方をすれば、どの年齢の子どもたちにも、現代科学の基本的な観念・概念を伝えることができると言っていますが、幼児期にどこまでのレベルの課題を与えたらいいか、われわれはいまでも試行錯誤しています。

そこで大事なことは「学力の転移」です。「学力の転移」というのは、なぜそうなるのかというものごとの基本的な概念や構造、理屈を理解できれば、やったことがないような問題にも応用が利いて理解できる、という考え方です。

そういう意味で、どのように学力が転移をしていくか、子どもの理解の仕方の構図をきちんと見極めて教育の内容を考える必要があります。

ですから、われわれはいまもカリキュラムの内容を日々修正しています。どういう順番でやさしいものから難しいものへ組み立てていくか。そのときに、このブルーナーの「らせん型教育カリキュラム」の考え方を参考にしているのです。

ヴィゴツキーの「最近接領域」——教育には背伸びが必要

4人目はレフ・ヴィゴツキー（旧ソ連の心理学者。1896年〜1934年）です。彼が唱えたのが「最近接領域」という考え方です。

最近接領域とは平たく言うと、「教育は学ぶ者にある程度背伸びをさせなくてはいけない」「いま理解できることだけをくり返しやっていても成長にはつながらない。背伸びすることによって教育の力で発達を引き上げていく」という考え方です。

そのときにどれくらい背伸びをさせるかがポイントです。手が届かないところへ背伸びをさせても何の意味もない。ちょっと背伸びをすれば手が届く領域、発達・効果をもたらす領域、それを「最近接領域」と名付けています。

いま、自分の力で解決できることを中心円にします。そして、その周りにはちょっとした助言、ちょっとした手助けで背伸びすれば届く範囲があります。その外側にはどんなに背伸びしても解決できない領域があります。

教育というのはこの真ん中のところだけやっていてもいけないし、一番外側のどんなに頑張っても解決できないものを教え込んでも意味がない。ちょっと背伸びすれば、いまもっている力で手が届く。これがヴィゴツキーの言っている「最近接領域」という考え方です。

これはブルーナーの〝教育の過程〟〝らせん型教育カリキュラム〟にも関連してくるわけですが、われわれも試行錯誤をして、さまざまやっているところです。ここまではわかるけれども、ここから先になるとわからなくなる。わからなくなるのはいったいどうしてだろうと自問自答しながら教育内容を考えているのです。

いまの日本の教育を見ていると、背伸びさせすぎという感がないでもありません。手が届かない課題を与えながら、それを乗り越えさせることが教育だという根性論に近いことが、特に幼児の場合には行なわれているように思います。それでは本当に必要な思考力は身に付きません。一瞬わかったつもりになっても、少し時間が経つと忘れてしまうのです。

背伸びして手が届く領域の内容をどのように組み立てていくか。そこを考えてあげることが、現場のわれわれにとってはとても大事だと思います。

遠山啓――「原教科」という教え

5人目は、遠山啓（数学者。1909年～1979年）先生の考え方についてです。先生の幼児教育の発達理論に私は多大な影響を受けました。

1970年代初頭、大学を卒業してこの世界に飛び込んだ当時、幼児教育について相談する先輩や参考書、ガイドブックといったものはほとんどありませんでした。それでも毎日授業はやらなければなりません。そういう苦難のなかで出会った本の一つに、遠山啓という数学者の編著『歩きはじめの算数』（国土社、1972年）がありました。この本の中に書かれていることが私を惹《ひ》きつけたのです。

遠山先生は、当時、東京都が運営する知的障害教育校の八王子養護学校（現・東京都立八王子特別支援学校）で算数を教えていました。モンテッソーリが知的障害者を教育したのと環境が似ています。

著作はそのときの実践をまとめて本にしたものです。先生はこの実践書の中で、知的障害者の小学校4年生、5年生を教えていた方法で、障害を持たない普通の幼児に数学を教えられないだろうか、と述べていました。遠山先生は「原数学」という考え方を根本においた教育法を実践していました。

原数学とは「数学という学問を構成する原初的な姿から学ぶ」という考え方で、その中に「未測量《みそくりょう》」という耳慣れない言葉がありました。未測量とは「未《いま》だ測っていない量」のことです。何センチ、何グラムと計測する前の概念、長い・短い、重い・軽いといった物の長さや重さを実感することが人間の原初的な能力であり、それを身に付けてもらおうというものでした。

数字は無機的な概念です。先生は「数」を扱うにあたって、子どもたちを最初から「数字」という抽象的な世界に誘い込む愚を避けました。3人兄妹で10個のアメをどう分けるか、コップにいっぱいつがれたジュースを飲んだときに残った量、飲んだ量をどう理解するか――生活の中にたくさんある算数的な経験を土台にして数学的思考を育てていくべきだと述べていたのです。

遠山先生の考え方に出会って、私の脳と心にスイッチが入りました。さがしていたのは「これだっ！」という思いでした。

「原数学」と名付けられた、数字の出てこない数学の世界を、先生はさらに発展させました。原数学という世界が成立するなら、音楽における「原音楽」、国語における「原国語」という考え方も成立するだろう。そうであるならば、総じて「原教科」という考え方が成り立つのではないかという、画期的な発想を述べられていました。

私はそれ以来、その視点に立って、何年もかけて幼児の知育のあり方を追究してきました。実践者の立場に立つと、この考え・意見はとてもピッタリきます。難しい理論よりも、遠山先生が言われたような「原音楽」とか「原国語」が存在するという視点で実践すると、幼児に教えやすすく、理解もしてくれるのです。

遠山先生は、1979年にお亡くなりになってしまいましたが、先生がやりたかった、やろうとしたことを、私がああでもない、こうでもないとやってきたのが、この何十年間かの実践であったと思います。

「KUNOメソッド」は進化する

以上、5名の先生の理論と、私と幼児教育の付き合い方を簡単に述べました。しかし、大事なのはこのメソッドを幼児教育に携わる先生たちがいかに使いこなすかだと思います。

時代によって子どもを取り巻く文化的な環境は違ってきます。子どもの興味も変わってきます。マンガやテレビが娯楽の王様だった時代と、コンピューターのプログラミング授業が小学校の教科に入ってこようという時代では、幼児の感性、感覚、価値観などが違ってくるでしょう。

先生がその時代をゆがんでいると思っていても、子どもがその中で生きているならば全否定するわけにはいきません。ゆがんだ時代と思うならば、ゆがんだ点をふまえて何がいいか、何が悪いか、限られた条件の中でどうやって生き抜くかをベースにして付き合っていく必要があるのです。

重要なのは子どもから学ぶことができるかです。いまの子どもたちが何をどう考え、どうやって問題を解決していくかをつぶさに見て、それをいかにカリキュラム化し、教材化するかが必要です。

メソッドは生き物と考える必要があります。固定した完成形と考えてはなりません。求めるべき基本は大きく変わるわけではありません。大事なことを堅持しながら、時代とともに社会に合うよう、どう進化させていくか、という姿勢で取り組んでいます。

思考力をつけるために必要な「10の力」

ひと口に「思考力をつける」「考える力をつける」といいますが、ではどうやれば幼児は考える力を身に付けることができるのでしょうか。問題はここなのです。

ことあるごとに私は、答えを暗記させるような教え込み教育や、就学前に読み・書き・

計算のみを教えようとする声に反対し、子どもが自ら考えることによって答えを導き出す教育でなくてはならない、ということを主張してきました。ここで、私たちが行なっている授業の方針を述べてみます。

考える力とはどうやって身に付けることができるのか。そのために必要な「10の力」を具体的に記してみました。

（1）ものごとの特徴をつかむ

ものごとを観察してその特徴に敏感になったり、複数のものの共通点を発見して相違点に敏感になったりすることは、「考える力」の初歩的な活動であり、学力を形成するうえでとても大事なことです。

（2）いくつかのものごとを比較する

「大きい小さい」と比較したり、「どちらがいくつ多いか」を調べたり、「形を比較する」のは、ものごとの違いに気づく最初の行為です。

(3) ある観点に沿って、ものごとを順序づける

ものの違いを表す方法の一つとして、順序付けの行為があります。クラスでは大きい順に並べたり、前から順に並べたり、時間的経過に沿って絵カードを並べて話をつくったりします。特に量の系列化や位置の系列化は、順序数の基礎としての概念を育てる重要な課題です。

(4) 全体と部分の関係を把握する

ピアジェの有名な思考実験に次のようなものがあります。「木でできたビーズが10個あります。そのうち7個は青色で、残りの3個は赤色です。それでは青色のビーズと木でできたビーズではどちらがたくさんありますか」と質問すると、子どもたちの多くは青色のビーズ、と答えてしまうというのです。つまり子どもは青色のビーズという部分と、木でできたビーズという全体を比較できない、というのです。ものの特徴をつかむうえで、全体と部分の関係を把握することは大事です。

(5) 観点を変えてものごとをとらえる

柔軟な思考とは、一つの観点にとらわれずにいろいろな角度からの見方ができることです。これは私たち大人にとっても大切なことですが、幼児期の子どもたちにとってはことさら重要です。その理由は、3歳～6歳の時期は、一つの観点にこだわってものごとを見てしまう傾向にあるからです。

ピアジェは論理的思考を支えるのは「可逆的なものの見方」だと言っていますが、これには二つの側面があります。一つは「元に戻して考えることができるか」であり、もう一つは「違った観点でものごとを考えられるかどうか」だというのです。

こぐま会の学習課題で考えると、一つの物を違う場所から見たときの見え方を推理する「四方からの観察」や、違った観点でものごとの共通性をとらえる「観点を変えた分類」があります。「観点を変えた分類」という項目では、

【例題】 ここにある8つの生活用品はいくつかの仲間に分けることができます。どんな分

ここにある8個のものはいくつかの仲間に分けることができます。
どんな分け方ができますか。お話ししてください。
1つできたら、別の分け方がないか、考えてください。

け方ができますか。お話ししてください。一つの分け方ができたら、他の分け方がないか考えてください（上の図参照）。

という質問で、共通点を見つけ出す思考力を鍛えます。

（6）ものごとを相対化してとらえる

大きさの違う3つのボール紙でつくった円盤A、B、Cを使って授業をすることがあります。BはAより大きいけれどもCよりは小さい円盤で、そのとき子どもはCを「大きい円盤」、Bを「中くらいの円盤」、Aを「小さい円盤」と、あたかも名前が付いているかのように認識します。

ですから、Cより大きい円盤Dが出てきたときには、DもCも両方とも「大きい円盤」と呼び、「大きい円盤」「大きい円盤」「中くらいの円盤」「小さい円盤」という表現をしてしまいます。幼児期には、ものごとは関係の中で成り立っているという相対思考を身に付けてもらうことが大事です。

(7) 逆に考える

逆に考える、というなかには「逆思考」と「逆対応」という二つの考え方がありますが、ここでは逆思考について説明します。

逆に考えることは、「理論的な思考」を育てるための大事な教育法です。たとえば、長い順に並べたら、短い順にも並べてみる。こちら側から見たら向こう側からも見てみる。「いくつ多い」を考えたら、「いくつ少ない」も考えてみる。出発点から到達点を考えたら、到達点から出発点を考えてみる。いろいろな場面で逆から問うチャンスはあります。こうしたちょっとした工夫で、子どもたちの思考を柔軟に育てることができると確信しています。

【例題】バスには最初お客が10人乗っていました。ところが次のバス停で何人か降りたので、残ったお客は7人になりました。では何人降りたのでしょう。

普通の問題では、「10人乗っていて3人降りました。残りは何人でしょう?」となります。つまり「10－3＝7」で、「＝」の後にくる答えは時系列的に最後となります。ところがこの問題では「10－?＝7」となって、答えから時間を逆に戻して考えなければなりません。実はこの時間的経過を戻すことは、子どもにとって大変に難しい作業なのです。そこに想像をめぐらせる力をつけることが、この項目の大事なポイントとなります。

(8) あるものごとを、ひとまとまりにしてとらえる

「1」ということについて考えてみます。「1」はものの最小単位であるとともに、ひとまとまりとしてものごとを「1」ととらえる考え方もあります。「自動車1台あたりタイヤは4」「自転車1台あたりタイヤは2」、あるいは「1箱あたり5個のりんごを入れる」

「1台の自動車に5人が乗る」といったふうです。このように、あるものごとをひとまとまりにとらえる考え方は、いたるところで求められる思考方法の一つです。

【例題】ここに車輪のない三輪車が4台あります。この4台に車輪をつけて動くようにするには、車輪はいくつ必要でしょう。

これはかけ算の問題ですが、逆にわり算もあります。わり算には「等分除」と「包含除」があります。

【例題】

①12個のイチゴを3人で同じように分けると、一人いくつもらえますか（等分除）

（式は12個÷3＝4個となる）

②12個のイチゴを3個ずつ分けると、何人の人がもらえますか（包含除）

（式は12個÷3個＝4となる）

(9) 法則性を発見する

並び方の法則性を発見したり、変化の法則性を発見したりすることは、子どもたちにとっても楽しい思考訓練になります。その際、変化するものと変化しないものを区別して考えられるかどうか、変化していくものの中にあって変化しないものを区別して考えることができるかどうかが問われます。また、いくつかの事例を総合して、ある法則性に気づくためには、帰納法的な思考が大切になります。

【例題】 魔法の箱にバナナのカードを通すと、ある約束で数が変わって出てきます。どのような約束で数が変わるか考えて、「?」のついたお部屋にその数だけ○をかいてください。

このようにして変化の法則性を学びます。

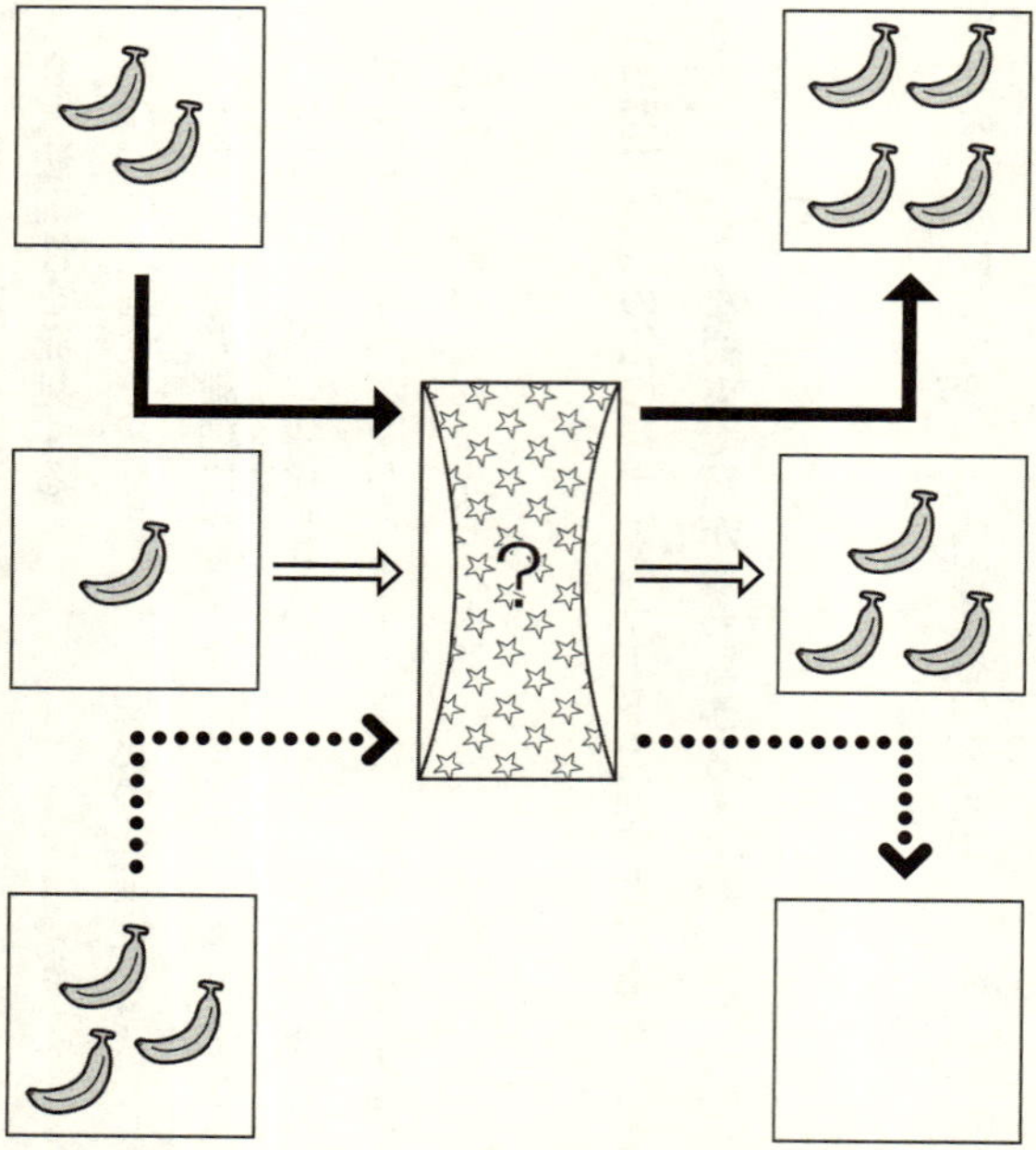

どんな魔法かよく考えて、入れたものがいくつになって出てくるか、
右下のお部屋に○をかいてください。

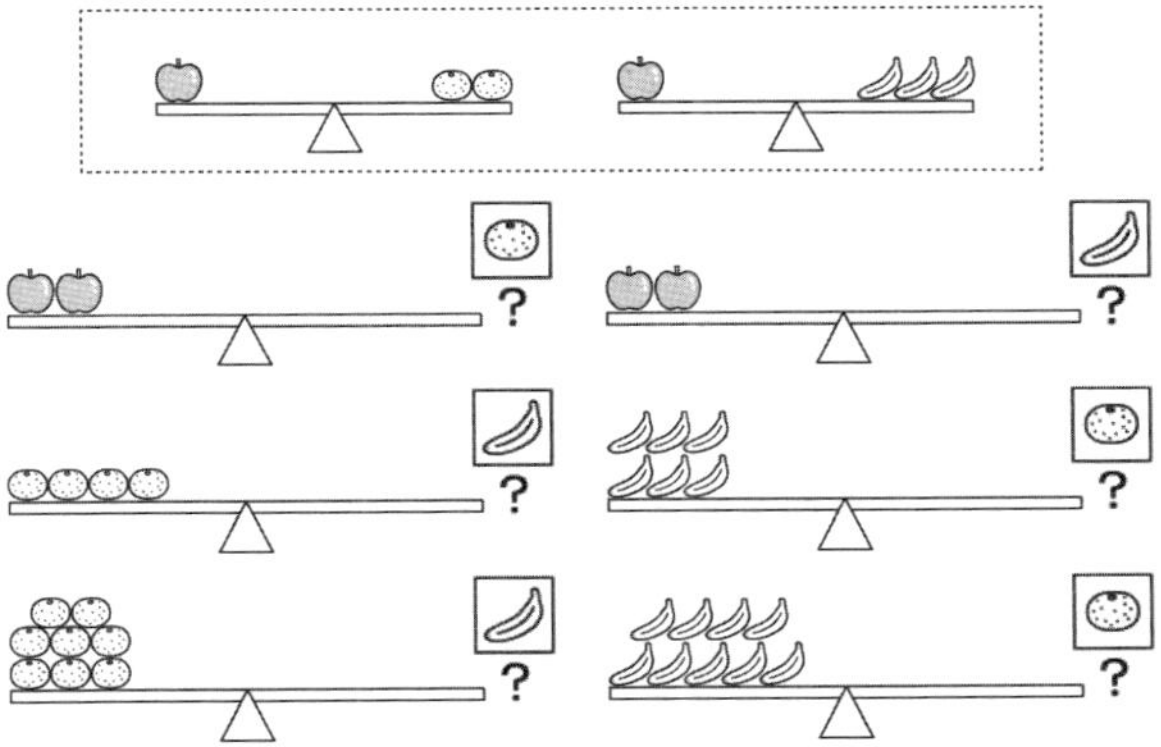

りんご1個はみかん2個とつりあっています。また、りんご1個はバナナ3本とつりあっています。
下のシーソーの片方に、「?」のついた果物をいくつ載せたらつりあいますか。その数だけシーソーの上に○をかいてください。

(10) AとB、BとCの関係から、AとCの関係を推理する

シーソーの教具を使っての重さ比べに象徴されるように、あるものを仲立ちとして関係を考えるものの見方は、論理を構成する際にとても重要です。「推移律」といわれる考え方ですが、これは仲立ちとしてのBの存在をどうとらえるかにかかっています。実際の場面を見て考えるだけでなく、話を聞いて関係を考える練習も幼児期には大事です。

【例題】 りんご1個とみかん2個、りんご1個とバナナ3本はつりあっ

ています。では、下のシーソーを見てください。絵のように果物を載せて、シーソーをつりあわせるには、「?」のついた果物をいくつ載せればよいでしょうか。

以上、幼児期に学ぶ、「思考力をつけるために必要な10の力」を挙げてみました。重要なのは、日常の生活に潜んでいる事柄を使って、物の名称を覚えたり、比較したり、順序をつけたり、全体と部分を把握したり、ものごとを相対化する必要を知ったり、逆に考えることを身に付けたり、法則性を発見したりしてもらうことなのです。

いかがでしょう、私が一貫して主張している、「読み・書き・計算」以前に教育すべきことがあり、それは「考える力」を育むためだという主張と内容がおわかりいただけたでしょうか。以上10の力はそれぞれ、小学校へ上がったときの教科とつながっていくよう考えられています。

そういった教育を可能にする体系的方法として「KUNOメソッド」があると理解してください。

理解への道筋を知る

こぐま会ではこれら10の力を頭におきながら、次章で解説する6つの学習領域を設けています。授業は幼児にとってははじめてのことばかりです。はじめてのことを理解するのは骨が折れます。しかし、一つのものごとを理解するための道筋さえ間違えなければ、どんな子どもでも結論にたどり着くことができるはずです。

前述した「事物教育」「対話教育」に「ペーパーワーク」を組み合わせて行なう「三段階学習法」は、その道筋をわかりやすくするための方法論です。われわれは指導に際して「事物への働きかけ」と「対話による理解の確認」を大切にしています。それは子どもが事物に直接働きかけることで、ものごとの関係を自ら発見していくことができ、また考え方の根拠を言語化（言葉による説明）する努力を通して、論理的思考力の土台が形作られていくと考えているからです。

第3章　進化する幼児教育――「KUNOメソッド」

「KUNOメソッド」を支える基本理念

こぐま会は次の3つの基本理念で支えられています。それは、「教科前基礎教育」「事物教育」「対話教育」の3つです。

1　教科前基礎教育——将来の算数や国語の基礎となる学習

私たちが基本理念の最初に掲げている「教科前基礎教育」とは、前でも少し触れましたが、小学1年生になってからの教科学習で必要となる概念や思考法を、幼児期のうちからしっかり身に付けておくべきだという考え方です。そのために欠かせない6つの学習領域を設定し、子どもたちの生活や遊びを素材にしながら、ワークブック中心の教科学習とはまったく違った方法で幼児期に必要な考える力を身に付けてもらいます。

6つの学習領域とは、将来の教科学習へのつながりを考え、算数科の基礎となる「未測量」「位置表象《いちひょうしょう》」「数」「図形」の4領域、国語科の基礎となる「言語」、そして生活科

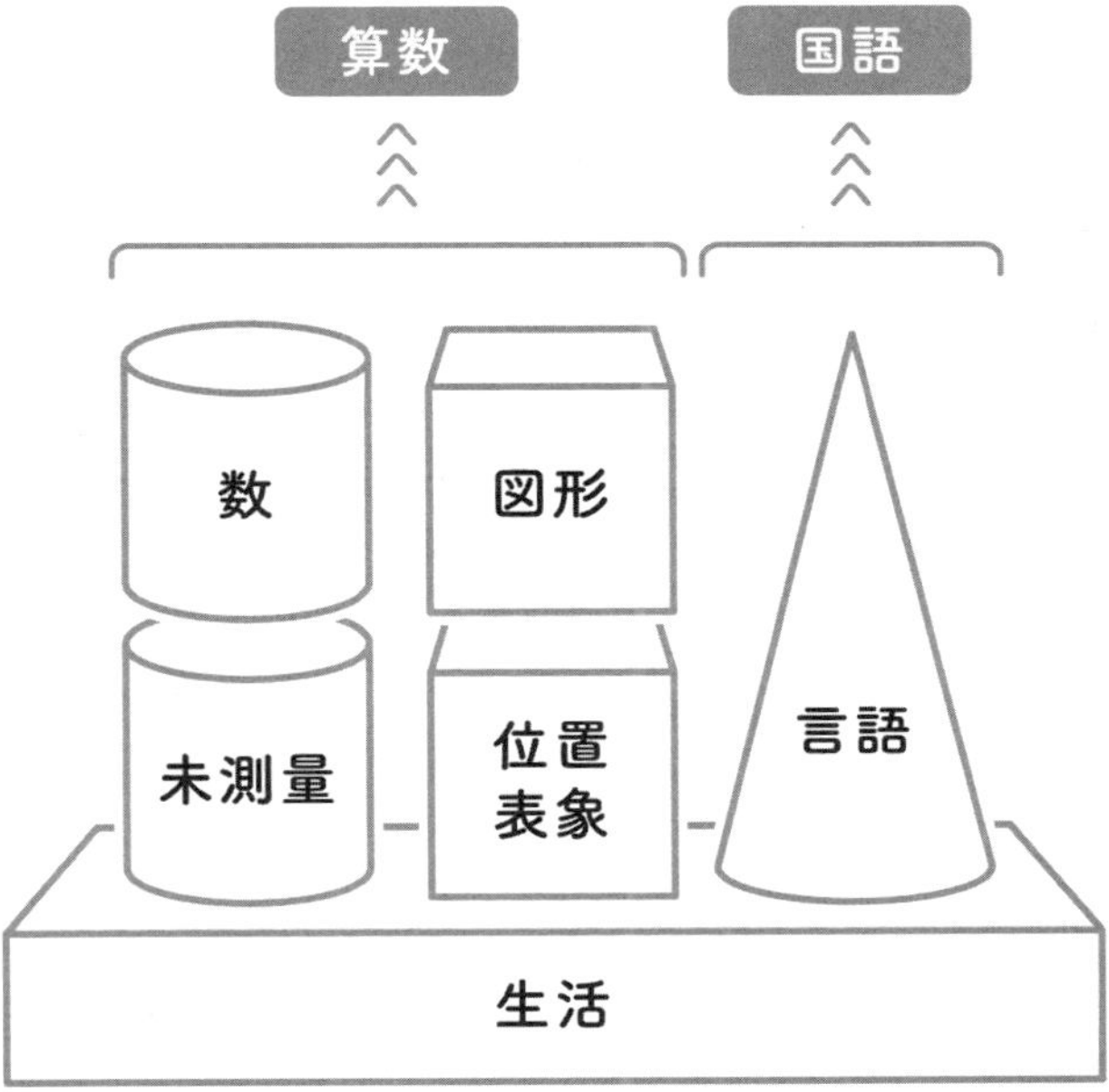

（昔の理科・社会）の基礎としての「生活」でその内容を積み上げていきます。

幼児の発達段階に即して無理がないよう、具体から抽象へ、基礎から応用へとらせん型教育カリキュラムを組み、年間の授業計画を立てていきます。数概念や思考法を育てるために、未測量では「量の学習」を設け、図形教育で必要とされる空間認識を「位置表象」という領域で育てます。

また、言語の領域は、「読

み・書き」の前に、「話す・聴く」を重視した内容になっています。

幼児期に必要な6つの学習領域とは

領域1「未測量」——量を土台にして数概念を学ぶ

「未測量」とは第2章でも触れましたが、「未だ測っていない量」という意味で「量の学習」です。遠山啓先生は「量を土台とした数概念を身に付ける必要がある」という観点から量の学習を実践していました。

未測量では、大きさ・多さ・長さ・重さの4つの量を学習対象にしています。学習の観点は次の5つです。

1　比較する方法を身に付ける。
2　比較する言葉を正しく使う。
3　たくさんあるものの中から最高級（最低級）のものを選ぶ。
4　量の相対的見方を身に付ける。

5　量を系列化する。

この中で大切なものは、「量の系列化」です。たとえば、「多さくらべ」の授業では、こんなことを行ないます。

（水量の比較）
違う容器に入った水の量をくらべるには？

（多さくらべ）
6本のジュースのビンを多い（少ない）順に並べる。

（大きさくらべ）
10個のコップを大きい（小さい）順に並べる。

イ　二つの違う容器に入った水の量を比較する方法を考える。

ロ　6つのビンに入ったジュースを多い順や少ない順に並べる。並べたあと、1番多いジュース、3番目に多いジュースはどれかなど、みんなでさがす。

ハ　コップに入ったジュースを多い順、少ない順に並べ、そのうち、「〜よりも多いジュースはどれか」「〜よりも少ないジュースはどれか」をさがす。

領域2「位置表象」——空間認識を育てる

「位置表象」——聞き慣れない言葉かと思いますが、「空間の理解」「空間認識の学習」と考えていただければいいと思います。

人間の生活にとって欠かせない位置関係、すなわち、上下・前後・左右の基本的な関係を学びます。「上下－左右関係」を理解するために方眼を使ったり、ある物を、場所（視点）を変えて見たときの見え方を推理する課題（「四方観察」）を行なったり、地図上を指示どおりに動く課題などがカリキュラム化されています。位置表象における学習の順序は次のような感じです。

1　位置を意識する。

2　位置を表す言葉を正確に使う。

3　位置における相対的な思考（たとえば、A・B・Cが上下に並んでいる場合、BはAの下になるが、Cの上になるということ）を学ぶ。

4　位置の系列化（たとえば、前から○番目、後ろから○番目ということ）を学ぶ。

未測量と同じように、ここでも「位置の系列化」の経験が大事になります。なかでも難しいのは「左右関係の理解」です。これは立場が変わると逆の関係になる、つまり、向き合った子どもの右手が、自分の左手のほうになる点が難しいのです。そこで、位置表象の中でポイントになる「左右関係」を理解するために、授業は次のような内容で構成されます。

イ　自分の右手・左手を理解する。
ロ　自分以外の人の右手・左手を理解する。
ハ　床におかれた道を指示どおり歩く。その際、交差点での曲がり方に気をつける。
ニ　次に、地図上でミニカーを指示どおり走らせる。

こうした学習をふまえ、位置表象最大の課題となる「四方からの観察」の学習に進みます。このテーマの意図は、一つの物が場所を変えると、違って見えることを経験します。そのための学習は以下のようになります。

1　ヤカンを写生してもらう。
イ　ヤカンを真ん中において、四方に子どもを座らせます。自分の座っている場所からヤカンがどう見えるか、見えたとおりに写生してもらいます。
ロ　描き終えたら子どもたちの作品をもとに、どこから見た絵か、話し合ってもらいます。

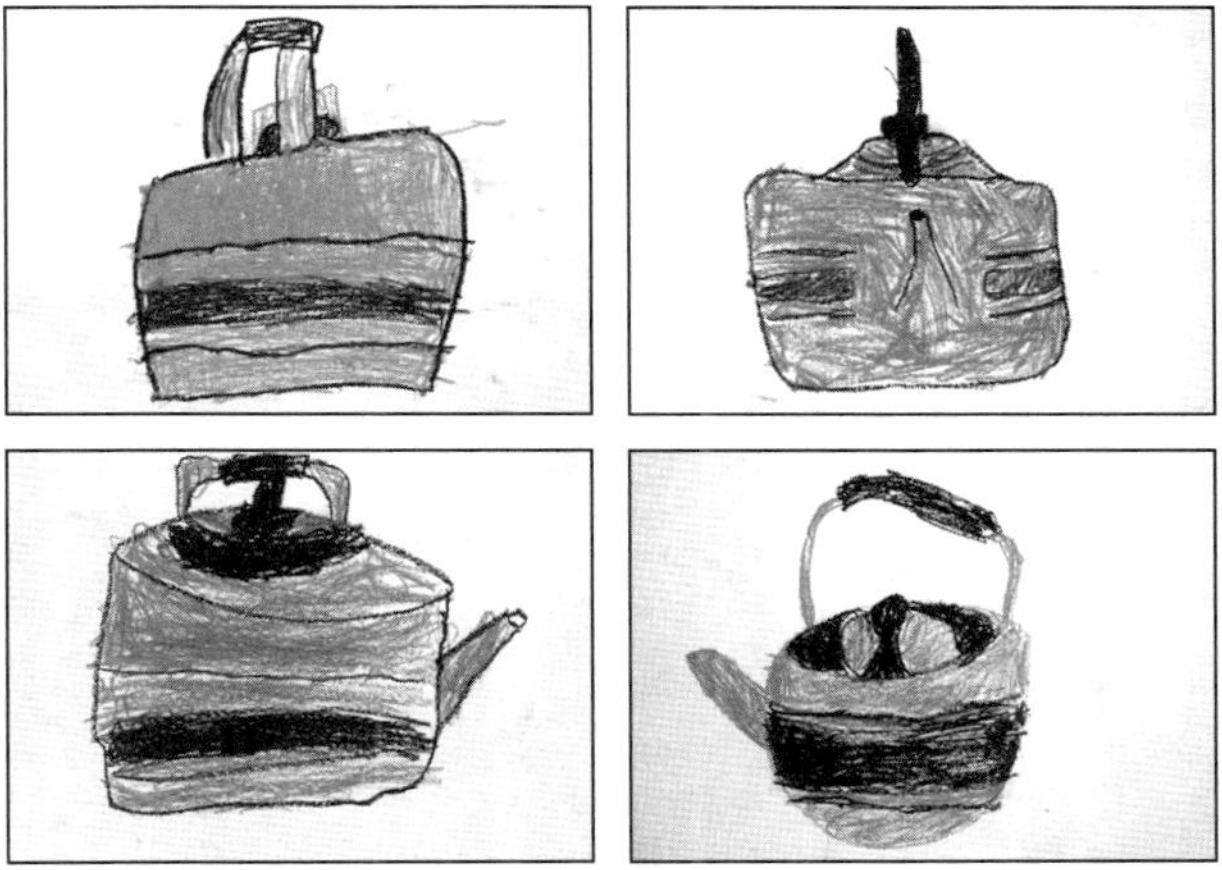

2　次に場所をさがしてもらう。

イ　ヤカンの絵を4枚持たせ、指示した絵はどこに座って描いたかを考えさせ、その場所に座ってもらいます。

ロ　教師の座った場所からヤカンがどのように見えるかを考え、4枚ある絵の中から該当するものを選んでもらいます。

ハ　別バージョンとして、くまのぬいぐるみとジョーロ、花を一輪入れた花びんが描かれている絵を見てもらい、反対側から見たらどのように見えるかを、用意された4枚のカードから選んでもらいます。

3　最後にペーパーワークを行なう。

このワークは、実際に絵を描いたり、座っている位置を動かないで反対側から見える形を想像してもらったりした後に、場所の移動によってどう見えるか、ペーパー上に描かれた絵を見て考えてもらいます。

領域3「数」——四則演算の基礎を身に付ける

幼児期における「数」の学習は、わざわざ教育の場を用意しなくても、生活や遊びの中で行なえるので、子どもたちが自分の生活を思い出しながら「数」的経験を再現できるようにしています。身体を使った経験をより確固たるものにするために、具体物教材やカード教材を使って数の変化に着目させ、「数」の内面化につながる土台とするのです。

こぐま会での「数」の学習は、「幼児期に、計算を支える基本的な考え方をきちんと身に付けること」を目標としています。われわれは、将来算数につながるものをひっくるめて「数」と言っており、ここでは、集合数の基礎になる「分類の概念」と、順序数における「系列化」、そして、四則（加減乗除）演算の基礎になる「数の操作」を学びます。数の

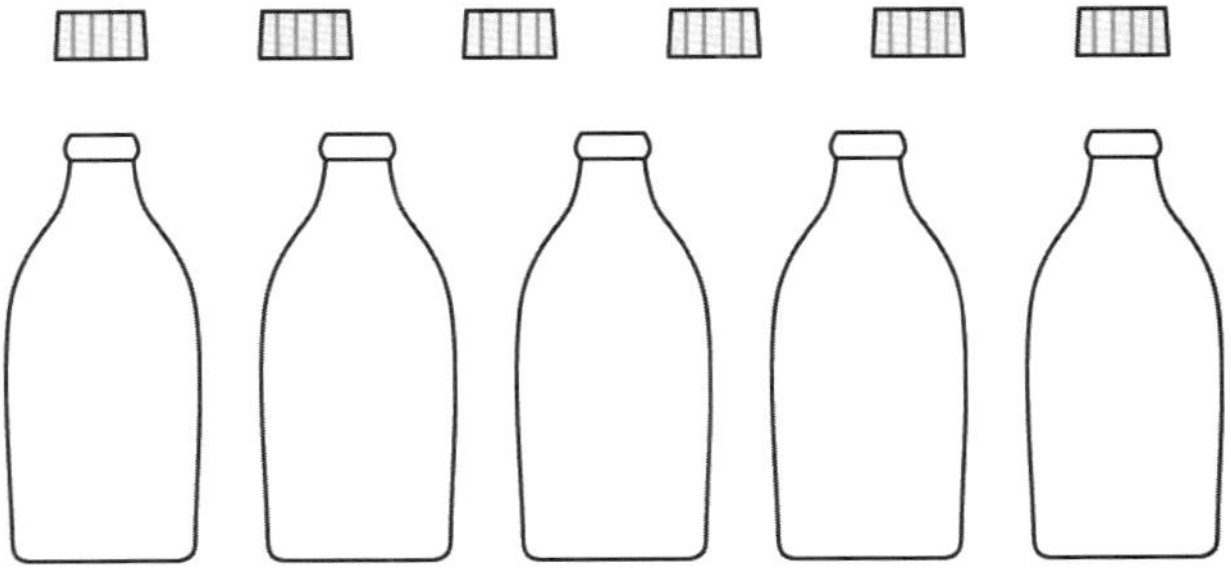

ボトルとフタがあります。
「どちらがいくつ多いか」「どちらがいくつ少ないか」
「同じにするにはどうするか」考えてください。

操作では①分類計数、②一対一対応、③等分、④一対多対応、⑤数の増減、⑥交換などを学びます。

たとえば、一対一対応では以下のような課題を学習します。

【例題】

絵（花びんと花、ボトルとフタ、コップとストローなど、対応に必然性のある物）を見せて、

「どちらがいくつ多いですか」

「どちらがいくつ少ないですか」

「同じにするにはどうしたらいいですか」

などの質問を出し、その際、どのように比べたらいいかを考える。

領域４「図形」――図形感覚（平面・立体）を育てる

幼児期の子どもたちには、つみ木やブロック、粘土、折り紙、ピクチャーパズルのように、図形感覚を育てる遊具や教具が身近にたくさんあります。ところが、小学校に上がると、ほとんどが教科書とノートで学習が進み、自らものごとに働きかけて図形的な認識を育てるチャンスがほとんどありません。

心理学者のピアジェは、空間概念がもともと人間に備わっているという考え方を否定し、生まれた後に、物理的世界への働きかけを通して形成されると主張しています。つまり、図形的センスを育てるためには、事物への働きかけがどうしても不可欠になるのです。そこでこぐま会では、次のような学習をしています。

1　平面や立体といった基本図形の理解や、同じ図形の発見、さまざまな形をした木製のおもちゃがいくつも入った布製の袋の中に手を入れ、中に入っている形の特徴を指先によってつかむ授業をします。

2　線・図形模写、点図形、立体模写によって形を模写します。

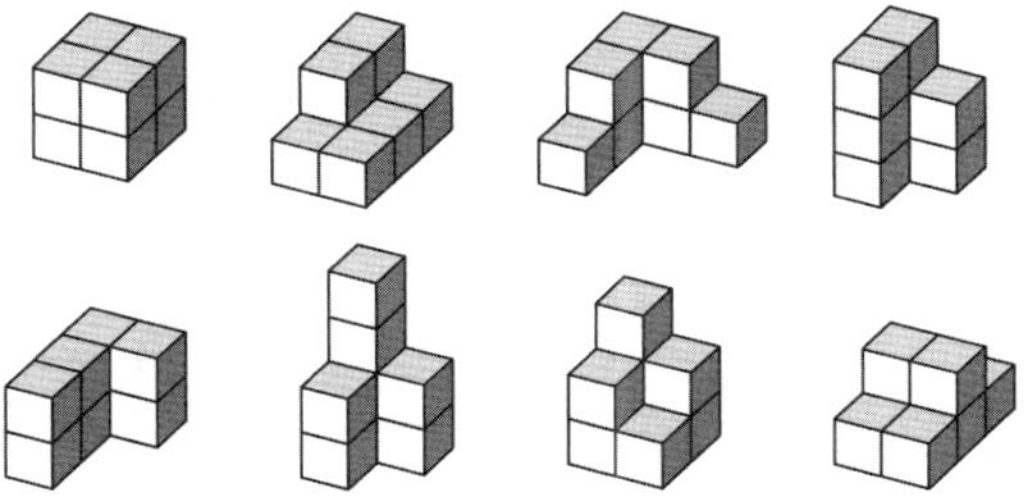

8個の立方体のつみ木を使って、見本と同じ形を構成する。
・教師が作っているところを見て作る。
・できあがったつみ木を見て作る。
・できあがったつみ木の絵を見て作る。

3　ピクチャーパズルや三角パズルを使って平面構成を、立方体つみ木を使って立体構成を学びます。

4　対称図形・重ね図形・回転図形も学びます。

【例題】　8個の立方体つみ木を使って、見本と同じ形を構成する。

領域5「言語」——聴く力、話す力を養う

幼児期の言語教育を考えたとき、昔から言われてきた「読み・書き」に象徴される文字指導だけでは不十分です。その前にやるべきこととして、以下のことを意識する必要があると思います。

4つの絵のお話の
順番を考えてください。

1　子どもたちは、どのような経験を積み上げて「言葉」を身に付けていくのかを考察する。

2　表現手段としての言語と、思考の武器としての言語という両側面からプログラムを考える。

3　小学校の学習指導要領にある「聞く・話す・読む・書く」の4本柱のうち、幼児期には「聴く力」と「話す力」を中心課題にする。

4　最近の子どもたちが苦手な「話す力」「コミュニケーション能力」を高めるために、どのようなプログラムを用意すればいいか考える。

こうした問題意識を持ちながら、1年間の学習課題を設定しています。大きく分けると、「話の内容理解」「お話作り」「言葉の学習」の3つになります。

「聴く力」をつけるために行なう「話の内容理解」は、絵本や創作話を聞かせて、その内容に関して、登場人物、順序、登場人物の行為などについて問うものです。これは将来の「読んで」理解する「読解」につながるので重要です。

また、「話す力」をつけるための「お話作り」は、具体物や絵カードを使って自由に話をつくる課題です。4枚の絵カードを時間的順序に並べさせ、それに沿って話をつくることが基本です（右ページの図参照）。

領域6「生活」——生活の中で身近なものについて関心を高める

6番目は「生活」という領域です。「社会」「理科」の科目は、小学校低学年では現在「生活科」としてまとめられており、幼稚園・保育園から小学校への連携を考えた「スタートカリキュラム」（幼児期と児童期をつなぐカリキュラム）が小学校の最初の2〜3ヶ月間で行なわれているようです。幼児期の教育の土台は「遊び」や「生活」なので、こぐま会でも6領域のベースに「生活」をおいています（113ページの図参照）。

実際に学習する内容は、「理科的常識」「社会的常識」などですが、その他に、他の領域

【標識の理解】

このマークを知っていますか。どんな場所で見られますか。
また、どんな意味があるのでしょうか。

・知っていることをお話ししてください。
・知らなかったら一緒に覚えましょう。

に入れにくい「法則性の理解」などの論理の学習も少し扱っています。

理科的常識の一例を挙げると、食卓に並ぶピーマン、レンコン、トマトといった野菜の断面図を見せて「これはなんという野菜でしょう」といった問題を出します。

また、社会的常識では、非常口のマークを見せてその意味をみんなで考えてもらったり、電車の窓に貼られた老人や、妊婦、足をケガした人などが描かれた優先席のマークを見せて話をしてもらい、弱者に対していたわりの心を持たせる学習をします。社会的規範の育成、つまり社会生活をしていくうえでのルール、意識を育てるのです。

2　事物教育——教え込み主義教育の対極にあるもの

私が「事物教育」を大切にしようと考えたのは、一つには、モンテッソーリ法の中心である感覚教具のすばらしさです。それらを使って実践した遠山啓氏の都立八王子養護学校（当時）での教育実践からも多くのことを学びました。理論的根拠は、ピアジェ、ヴィゴツキー、ブルーナーに多くを学び、特にピアジェの理論に強い影響を受けています。

事物の構成は、何らかの教授の結果ではないことに注目してほしい。事物の構成は、赤ん坊自身がイニシャティブをとって働きかけた結果である。もし彼が事物に働きかけなかったならば、事物は彼にとって存在しないであろう。もし事物が存在しないとすれば、時間と空間は構造化され得ないであろうし、因果性の観念は決して獲得されないだろう。そして、確かにどんな表象も論理学も、物理学も、歴史も存在し得ないであろう。要するに、自発的な活動がなければ、子どもにとって知識というものはないのである。（コン

スタンス・カミイ／リタ・デブリーズ著、稲垣佳世子訳『ピアジェ理論と幼児教育』チャイルド本社、1980年）

このようにピアジェは、知識の獲得には自発的活動が必要であり、事物に働きかけることによって物と物との関係付けを行ない、その結果として、論理——数学的知識がつくり上げられることを強調しています。

事物に触れ、働きかけてこそ、本当の知識が身に付く

私が幼児教室の教師として実践の世界に飛び込んだ最初の年、年中の子どもたちを前に何をどう伝えるかに悩んでいたころ、そうした先人たちが残した理論から多くのことを学び、毎日の実践に活かしてきました。モンテッソーリの感覚教具ほど精巧にはできていませんが、毎日使う教具はほとんど手作りで準備してきました。

子どもにとって楽しく操作できるものはどんなものか、大きさはどうか、素材は何を使うか……指導の目的に合わせて教具をつくる時点から、すでに授業ははじまっていたので

す。

幼児教育における教材準備は大変大きな意味を持っています。46年も子どもと接し、いろいろな経験を積んでくると、つくり上げた教具を見ながらどんな質問をすると、子どもたちがどう反応するかの予想がつくのです。そうした、子どもとのやりとりをイメージしながら準備する教具・教材作りですから、準備の段階で授業の質が決まってしまうと言っても過言ではありません。いつもそんなことを考えながら教材準備に取り組んできました。

事物に触れ、働きかけ、答えを導き出していく、その試行錯誤のプロセスこそ大事にすべきであり、結論を教え込み、それを覚え込ませていくことが幼児教育では決してありません。自ら獲得した認識は、どんなに時間が経っても忘れることはありませんが、教え込まれた知識は時間が経てば忘れていくものです。

それは、有名なピアジェの実験によって明らかになっています。ものに触れること、それだけでなくものに働きかけること、そして自分の力で解決に至ること……このプロセスを活かす教育法が、幼児期の基礎教育の命です。それを抜きにした幼児教育法は、私の経験からはあり得ないことです。

三段階学習法——教育の方法論

私は「遊び保育」を否定しているわけではありません。「遊び保育」の教育的意味は十分あると思いますが、そこで経験したことが教科学習につながり、「概念」や「思考法」にまで高まっているかどうかを考えると、はなはだ疑問だと言っているのです。「KUNOメソッド」で行なわれている「三段階学習法」は「遊びを教科学習につなげる」という考えに基づき、指導の現場で編み出したもので、子どもが無理なく理解できる教育法だと確信しています。そのなかでは、

1　身体を使った集団での活動
2　手を使い、ものごとに働きかける個別学習
3　ワークブックを使ったくり返しのトレーニング

を行ないます。この三段階学習法で、たとえば、重さについていろいろな方法で学習を

することで（すぐあとで紹介）、概念や思考法が身に付き、それが教科学習の基礎になっていくのです。幼児期の発達に見合ったこの方法から考えれば、「遊び保育」は最初の段階だけであり、「ペーパーワーク」は、最後の段階だけをくり返すトレーニングに過ぎないと言えるでしょう。

重い箱、軽い箱を身体で実感――三段階学習法の実践

こぐま会では、6領域のどの学習も、すべてこの三段階のスタイルで授業を行なっています。では、三段階学習法はどのように実践されるのでしょうか。重さ比べの問題を解くまでのプロセスを例に紹介していきましょう。

第一段階――重さは目で見て判断できません。生活のなかでは、ハカリのようなもので重さを視覚的に置き換えていきますが、「原算数」的な考え方からすると、重さという量は基本的に身体で感じ取る性格のものなのです。人類は最初からハカリを持っていたわけではありません。そこで重い、軽いなど、実感した重さを子どもたちにしっかり覚えても

らいます。

最初に身体を使います。そのため、クラスの友達の前に、大きさは同じですが重さの違う箱を5つ用意します。それらを持ち比べて一番重いもの、一番軽いものを取り出してもらいます。あるいはランダムに並べた箱を手で持ち上げてもらいます。「これはあれより軽い」「これは重いなあ」「あっ、だけどこっちの方がもっと重いや」と、集団の中で身体を使った結果、どれが重いか考え、迷いながらでも答えを出していきます。

授業の現場では、友達が並べた箱が本当に重い順番になっているかどうかを、他の友達に点検してもらいます。そのことを通して、学習する問題意識を持たせます。この段階では正解は求めません。実感してもらうのが主目的です。

マッチ箱を手に乗せて実感してもらう

第二段階――身体を使って重さの違う箱をいくつも持ち上げ、違いを実感したあとは、手を使っての学習です。20グラムぐらいずつ重さを変えた5つのマッチ箱と教具のシーソーを使います。

最初は、左右の手にそれぞれ重さの違うマッチ箱を乗せ、どちらが重いか軽いかを判断してもらいます。それから5つのマッチ箱のなかで一番重い箱、あるいは一番軽い箱をさがし出し、次に残った4つのなかで、また一番重い（軽い）箱をさがして、それをさっき取り出した箱の横に並べます。同じように操作をくり返し、5つの箱の重さを系列化します。

次に、手に持っただけでは重さの違いがわからない3つの箱を用意します。これをシーソーを使って重い順に並べてもらいます。

シーソーを使うのは、子どもたちは公園のシーソーに乗った経験があり、下がったほうが重いことを知っているからです。しかし、3つのものを一度にシーソーに乗せるわけにいきません。そのとき、まずAとBを比べ、その結果を見て、Bを降ろしてCを乗せるのか、Aを降ろしてCを乗せるのか、これは子どもによってまちまちですが、ともかくどちらか降ろして別のマッチ箱を乗せる、という作業をくり返すわけです。

実は、結論を出すことより、その作業にとても意味があるのです。無目的に何回も何回も脈絡なくやるのではなく、ある意図をもって作業をくり返すなかで重さの関係づけが段々とできていく。この〝考え、悩むこと〟が大事で、このときに見られる子どもたちの解決法が、実は第三段階のペーパーワークのシーソーの問題につながっていくのです。

ペーパーワークで実感を意識化させる

第三段階――最後に、シーソーに乗ったA、B、Cという重さの違う3種類の物が描かれたペーパーが渡され、重い順番をさがしてくださいという問題を解いてもらいます。

こぐま会では、筆記用具を使ってペーパーワークに向かう授業は、ちょっと難しい表現ですが、**事物教育で身体や手を使って「実感した具体性」を、紙の上での「概念という抽象性」に置き換える手段として使っています。簡単に言うと、実感した「感覚」を「論理」に変換してもらうのです。**

ですから、このペーパーワークでも必ず「なぜ、そうなりますか?」と質問し、答えの根拠を説明してもらいます。わからなかったときにも知識を教え込むことは意味がないという見解から、解き方は教えません。答えを与えることで、そのときは問題が解決したとしても、子どもたちに思考方法が定着していかないからです。

子どもたちには悩みぬいて考えてもらいます。そのとき、正否は問わずなぜそうなったのか、理由を尋ねることを忘れてはいけません。そのようにして認識したことは、いつでも頭の中の引き出しから取り出して使うことができるからです。

子どもたちの考える力というのは、ペーパーワークでつちかわれるのではありません。ペーパーを前にして解答に向かったときの思考は、実はすでに実物の世界で体験した記憶をたどっているのです。それが内面化、つまり自分のものになっていればペーパー上でも同じように解答にたどり着ける。こういう流れで最後のペーパーワークで解答できれば、問題がどんなに変化しても対応できるようになるのです。それがわかればしめたもの、重さの違うものがいくつあろうと、問題を解決できるのです。

まず身体を使い、手を使って試行錯誤し、最後にペーパーワークを使ってまとめをする、あるいは発展させていく、これが三段階学習法という教育方法です。

3　対話教育——理解度と考え方の根拠を対話で確認

ＫＵＮＯメソッドは、教育方法の大事な柱の一つに「対話教育」を掲げています。教師と子どもの関係が、教師からの一方的な教え込みにならないように、ということが第一の目的ですが、この対話教育には別の意図ももたせています。それは、

子どもが自分の思考のプロセスを言語化することができるかどうか
あるテーマをめぐって子ども同士で話し合いができるかどうか

ということです。

単なるコミュニケーション能力の強化というだけでなく、答えにたどり着くプロセスを言語化させるという目標を設定しています。数年前から、授業の現場で試行錯誤し取り組んでいる授業方法ですが、最近その効果がはっきり見えてきています。

たとえば、「交換」の問題です。ここで、思考を言語化することによって自らその間違いに気づいた実際の例を挙げてみましょう。

自分の言葉で説明するうちに間違いに気づいた瞬間

子どもたちは楽しい遊びには夢中になります。楽しい学びにものめりこみます。のめりこんだ結果起こった、私も驚いた実例があります。幼児が自分の思考方法を言葉で説明するうちに、考え方の間違いに自ら気づいたのです。目を見張る瞬間でした。

教室で次のような問題に悪戦苦闘していたときのことです。

【例題】

・メロンパン1個はドーナツ2個と換えてもらえます。

・食パン1斤はメロンパン2個と換えてもらえます。

・ハンバーガー1個は、メロンパン1個とドーナツ1個と換えてもらえます。

では、「ハンバーガー4個は、食パンいくつと換えてもらえますか」

「言語で思考を育てる」ということが幼児に可能かどうか、関心を持って子どもたちの言動を見てきましたが、それができるということを確信した瞬間でした。そのときのやりとりを再現してみましょう。

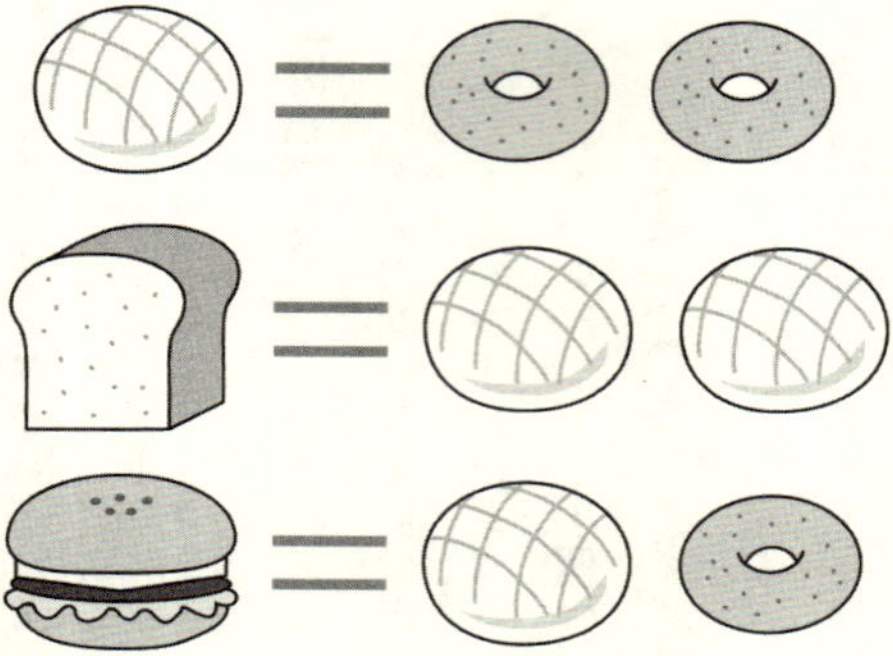

メロンパン1個は、ドーナツ2個と換えてもらえます。
食パン1斤は、メロンパン2個と換えてもらえます。
ハンバーガー1個は、メロンパン1個とドーナツ1個と換えてもらえます。
・メロンパン4個は、食パンいくつと換えてもらえますか。
・食パン2斤は、ドーナツいくつと換えてもらえますか。
・ハンバーガー4個は、食パンいくつと換えてもらえますか。

私は常に問題点を明らかにするために、答えを間違えた子どもにも意図的に説明させています。ここも一番間違いが多かった「4個」と答えた男の子に説明してもらいました。

久野：どうして4になったの？
生徒：最初にハンバーガーをメロンパンとドーナツに換えるの。
久野：そうするといくつずつになるの？
生徒：メロンパン4個とドーナツ4個。
久野：それからどうしたの？
生徒：メロンパン4個は食パン2つ（2斤）でしょ。

久野：そうだね。
生徒：ドーナツ4個を2つずつに分けるの、そうすると2個でしょ。
久野：そうだね。
生徒：だから2と2で4個になるの……（と言った瞬間、間髪をいれず）
　あっ、先生違った。食パンは4個じゃなくて、3個だ。
久野：なぜ？
生徒：あのね、ドーナツを2個ずつ分けて換えると、それはメロンパン2個なの。それを
　もう1回換えないと食パンにならないから、メロンパン2個は食パン1つ（1斤）。
　そうすると、全部で3個。さっきの4個は違う。
久野：よく気がついたね。

　子どもはこの問題を解くことが面白く、のめりこんでいたのだと思われます。自分の思考回路を説明していくうちに、ドーナツ4個はメロンパン2個だから食パン1つとしか交換できないことに自ら気づいていったのです。言葉で説明していくことによって、自分の

考え方も深まり変化していったという意味で、私自身も驚きました。

これは私が行なっている「KUNOメソッド」の3本柱の一つ「対話教育」が功を奏した結果でした。考え方の根拠を自分の言葉で説明できるようになれば、その理解は本物です。

幼児が自分で納得する、これが一番大事なことなのです。幼児は必死になって考えます。納得できなければ言葉にできません。普段から自分で触って、持って、感じる教育、そして自分の考え、感情を言葉にする学び、そのくり返しにより、考えるという習慣が身に付き、思考力の礎ができていくのです。

幼児期の子どもたちの「考える力」を育てるためには、試行錯誤し自分で解決させる時間がどうしても必要です。教え込んでしまえば簡単に済むのですが、子どもたちの発想で解決にたどり着くようにする。これは、教える側のわれわれも「待つ」時間の長さに耐える覚悟が必要です。しかし、自分で解決の糸口を見つけ出すことが将来の学習にはとても大事です。その意味でも、「対話教育」の持つ意味をもう一度考え、実行してください。

ます。

集団で学習する意義

三段階学習法の第一段階は集団で行なっていますが、これは次のような意図を持っています。

そもそも保育園、幼稚園といった保育施設のはじまりは、イギリスで産業革命が起こり、お母さん方が労働力として工場に行くことになった結果、家庭での育児ができなくなり、社会が面倒をみる施設がつくられたことです。家庭を離れた保育施設では同年齢の友達が見つかり、子ども同士のコミュニケーションの場ともなったのです。

この集団で学び合う形態は、子どもたちが楽しい場所だと感じることと、子どもたち同士による伝え合いの教育的効果が大きいというメリットがありました。

子どもたちによる学び合いでいいますと、次のようなことがありました。絵を描かせているときに私が経験したことです。「一家だんらんの夕食の場面を描いてください」という課題です。実際は食卓を囲んでいるので、見る位置によって横向きの顔や、後ろ向きで後頭部しか見えていない場合もあります。最初だいたいの子どもは、みんなの顔を正面に向けて描きます。

あるとき、向き合って食事している状態の絵なのですが、後ろ姿のおとうさんは、頭髪もないし顔もありませんでした。「どうして？」と聞いたら、「だって黒で塗りつぶしたくないんだ」と言います。後頭部を黒く塗ることを心理的に嫌うのでした。

しかし、みんなの絵を並べて、「この絵はきれいに色が塗れているね」とか、横向きの顔を描いた子どもの絵には、「あ、この絵は本当にみんなで楽しく食事している雰囲気があるね」などと、いいところをそれぞれほめてあげると、次には、そういう絵を真似《まね》て描き出す子どもが出てきます。ああいうふうに描けばいいのか、と友達の絵を見て学ぶのです。

髪の毛のないお父さんの後ろ姿を見て、教師が、「これじゃだめじゃないか、こう描きなさい」という指導はまったく意味がありません。子どもが自ら納得して身に付けていくことが大事なのです。

また、こんな子どももいました。ペーパーテストは満点に近いのですが、集団になると友達とまったく話せない。行動観察は当然0点ということになります。同じ年齢の友達とどうやって関わっていいのかわからず、自分を表現できないのです。

その子どもは以前、個人授業の塾に行っていたのですが、同じ年齢の子たちと関われない事態を母親が心配して、集団で学んでいるこぐま会に移ってきたというケースでした。集団で学ぶ利点は、人間は社会的動物ですので、幼児期から友達と触れ合うことでお互いに学ぶことを自然にできるところです。集団の中で、多くのクラスメイトの話す内容、言葉の使い方、喜怒哀楽の表情など、あらゆることが自身の追体験となり、経験の幅が広がるのです。子どもにとって〝集団〟の中にいることは、多くの価値を身に付ける宝の箱の中にいることと同じです。

幼児期の学び合いは絶対に必要です。集団で学ぶことの意味はそこにもあると思います。

「聴く・話す」力が大事

暗記中心教育の結果——読解力不足が起きている

6領域はいずれも、考える力を養うために幼児期に必要な学習ですが、その中でも「聴く・話す」力をおろそかにすることはできません。

幼児期は読み聞かせによって「聴く力」を育む時期——子どもは保護者に読んでもらう物語によって想像を膨らませて空想の世界に遊び、聴く集中力も高める時期だ、と第1章で述べました。幼児期に集中力を高める力を付けておけば、読む力にも影響が出てきます。この指摘と関連する出来事が全国紙で取り上げられていました。中学生に関する事柄です。

2017年9月23日配信の「読売新聞」の記事は、新聞や教科書などを読み取る基礎的な読解力を身に付けないまま中学を卒業する生徒が25％に上ることが、国立情報学研究所・新井紀子教授らの研究チームの初調査で明らかになったことを報じています。

中学3年の4人に1人が教科書レベルの基礎的な読解力を身に付けないまま、義務教育を終えていることになり、深刻な状況です。いったい何が原因なのでしょうか。

幼児期の基礎教育に携わっている立場から、この問題を真剣に受け止め、何が必要なのかを考えたとき、遠山啓先生が述べられた「原国語」の内容の充実が今日の問題になってきます。

その一つのカギとして、国語の4本柱である「聞く力」「話す力」「読む力」「書く力」

のうち、軽視されがちな「聞く力」と「話す力」にもっと力を入れなければいけないのではないかと考えています。

最近は、私の教室でも年長の子どもたちに、答えの理由説明をさせるだけでなく、3～4人のグループで話し合わせて、答えを導き出す授業を取り入れています。自分の意見を言うだけでなく、友達の意見を聞いて一緒に考える経験を持たせることが大事だと考え、実行していますが、年長児にも話し合いができるという、予想もしなかった事実を確認し、こうした形の教育をもっと推進すべきだと考えています。

算数においても、計算はできても、立式の理由や計算過程の説明を求めたり、理由を記述させたりすると解答できない傾向もあります。日本の算数教育には、全体として計算さえできればいいという「計算主義」の考え方がはびこっているように思います。この考え方が変わらない限り、応用力が身に付かないという問題は解決できないでしょう。

子どもの「読解力・思考力・記述力」を伸ばすチャンスはたくさんあるはずなのに、そこに気づかないのか、気づいていても面倒なので素通りしてしまっているのでしょうか。教育現場でのちょっとした工夫で解決の糸口が見つかるはずですが、それができていません。その結果、算数においては、計算はできるけれど文章題になるとお手上げ、という子どもたちを大量に生み出しているのです。

「聴く・話す」をもっと大事に

2017年9月22日配信の「読売新聞」に次の記事が掲載されていましたので、その冒頭部分をご紹介します。

「読み聞かせ、小学生にも」
本の読み聞かせは子どもの想像力を育み、親子のコミュニケーションにも役立つ。ところが、小学生になったのを機にやめてしまう家庭も少なくない。有意義な習慣から「卒業」してしまうのはもったいないと専門家は指摘する。

子どもにとって、自分で本が読めるようになるという楽しさは十分あると思いますが、文字が読めるようになったから、あとはすべて自分で、というのも違うように思います。

「読み聞かせ」は、聞いて楽しむ、聞いてイメージを膨らませる、読み手と話を共有するといった大事なこともたくさんあるはずで、1年生になったからといって読み聞かせをやめてしまうのは、私ももったいないと思います。それ以上に、コミュニケーション能力の一つである「聴く力」を育てるためには、読み聞かせは続けるべきでしょう。

読解力が弱いということは、聞いてイメージする、聞いて相手の言い分を理解する、自分の考えを言葉で表現するといった幼児期の大事な経験が、「読み・書き・計算」を前面に出すことによって「読み・書き」に集中し、「聴く・話す」が軽視された結果、読解力がおろそかになってしまっているのかもしれません。

考えていることや感じていることを言葉で表現する経験が少なければ、将来の読解力も作文力も高まらないのは、当然の帰結だと思います。国語教育の基礎として、幼児期に何をなすべきか、新しい視点からいろいろな試みに挑戦していかなければならないと思います。その一つの試みとして、「聴く・話す」をもっと大事にし、「読み・書き」に流れがちないまの教育を、もう一度根底から疑ってみる必要があるのかもしれません。

第4章　学力よりも意欲の時代へ——小学校受験も変化している

学力偏重の弊害

かつて小学校受験は特定の人のものだった

幼児教室を立ち上げた1973、4年ごろの話です。8月ごろになると、クラスの保護者の方々がざわざわしだしました。どうしたのだろうと思っていると、小学校の入学試験があるから、その対策授業をお願いしますということでした。当時の入学試験は知能テストを使った決まったパターンの問題でしたので、1ヶ月も練習すれば問題なく受かるくらいのレベルでした。

もともと小学校受験は特定の人のものでした。学習院初等科や聖心女子学院初等科、慶應義塾幼稚舎に進学するのは限られた方々で、学習院は皇族関係者、聖心はカトリック信者の子弟が大勢通う学校でした。1970年代前半は、ほぼ入学が決定しているけれども一応形式的にテストを受けていたのですが、徐々に受験者が増えてきたため、ふるいにかけるためのテストが設けられていきました。

余談になりますが、70年代～80年代初期、「うちは代々学習院です」「うちは代々聖心です」というような家は、息子や娘をそうした学校に入れることが嫁いできたお嫁さんの最大の責任でした。そのため入学させることに必死で、「幼児教育」というよりも「入学訓練」のようにとらえていた方がいらっしゃいました。入ることだけが目的なので「訓練でいいじゃないの」というわけです。その当時、聖心女子大生の多くは卒業するころには、すでに嫁ぎ先が決まっており、巷《ちまた》では写真入りの卒業アルバムが高値で取引きされた、という時代でした。

そのころから徐々に〝お受験〟は過熱していったのです。

塾の役割――学校と受験生の橋渡し

2008年度以降、減り続けていた私立小学校の受験者数も下げ止まりはしましたが、上昇に転じるきっかけはまだないようです。受験者が増える傾向はいくつかの学校ではみられるとしても、全体として各学校とも苦戦を強いられています。

特に、2011年の東日本大震災の影響で、子どもを遠くの学校に通わせることに疑問を持ち、近くの学校を選ぶ保護者が増えたために、昔のようにたくさんの学校を併願するご家庭が減ってきていることも、各学校の倍率を低くしている一つの原因かもしれません。

一方、ワーキングマザーの増加で、学校側が家庭に寄り添った改革を実行しようとしていることもよく伝わってきます。保護者が迎えに来るまで預かる「学童保育」の実施や、給食制度の導入を検討している私立学校も増えているようです。説明会のやり方や、WEB上での合格発表・補欠合格者の出し方など、入試事務の改革は相当進んでいるように思います。

そうした状況の中でも、昔から変わらず、まったく改革されていないのが、入学試験に関しての情報公開です。学校側からの情報が何もないうえに、受験に向けて何を学習したらよいのかを示す「教科書」もありません。教科書のない入試など、上級学校のどこを見てもありません。中学校受験は、小学校の教科書をしっかり学んだうえでの入試です。高校受験も大学受験もしかりです。しかし小学校受験には、参考にすべき教科書が存在しません。

そこに塾という教育サービスが存在する理由があるのですが、塾といっても千差万別で、中にはビジネスと割り切って利益を追求することに走る塾もあります。そのせいで保護者には魅力的に映る、過去問を徹底的に教え込む受験対策が横行するのです。大事な幼児期に、1年以上先に出される入試問題を基礎学習の素材にしても、「考える力」など身に付くはずはありません。しかし、いずれにしても塾が受験生と小学校の橋渡しの役割を担っていることには間違いないのです。ですから保護者の方には、塾を正しく見極める知識や見識を持っていただきたいと思います。

間違った入試対策——傷つく子どもたち

間違った入試対策が行なわれる最大の理由は、入試情報が学校側から公開されないので、保護者が何を学び、何を指針にすれば良いのかわからないことです。そのため塾から出される情報を信じるしかありません。しかし、その情報が塾側の思惑によって操作され、学校側が一番嫌う、試験に合格させるためだけの「教え込み」教育が始まるのです。

「教え込み」の指導により、そこで傷ついていく子どもたちがどれほど多いことでしょうか。1日に何十枚も過去問のペーパーワークをやらせる塾があったと聞きます。その枚数をこなせなければ叱られたそうです。幼児期にそのようなことを強要されたら、勉強が嫌いになるのは当たり前です。また、叱られたことによる心の傷は大きいと思います。この問題をきちんと解決していかないと、幼児期に大切な心の成長すらも阻害されていくことになります。

幼児期の教育をはじめる動機づけとして、小学校受験は良いチャンスだと思います。しかし、受験には「光の部分」と「影の部分」があり、その影の部分が最近の入試対策において顕在化しているように思われます。

勉強のさせ方がきわめて非教育的であり、学力を伸ばすことと引き換えに、心の成長をゆがめてしまうことになっているところがあります。競争の原理を持ち込むことで学習の動機づけにはなるでしょう。しかし、できた問題の数でご褒美をあげて競わせるような集団学習は、他者との関係づくりに暗い影を落としています。影の部分の問題は深刻です。

過剰な受験指導で他者との関係の取り方が損なわれる

影の部分といえば、ペーパーワークの問題をみんなでやっていた夏季講習のときのことです。夏季講習だけに参加していた外から来た子どもが、解答を早く仕上げたのですが、その後両腕でペーパーを隠し、自分の答えが見えないようにしはじめたのです。

指示をしっかり聞くこと、隣を見ないこと……などいくつかの注意を与えられてペーパーワークの学習に入るのですが、自分の答えを他人に見せないという行為は、注意として与えた「隣を見ない」ということの裏返しではなく、競争意識、いや、他者を蹴落とす意識の反映といえるでしょう。

そんな行為を5歳児がするということを知って、この子の心の状態を考えると恐ろしい気持ちになりました。もしそうした入試対策が心の奥底まで染み込み、他人を蹴落とすことが植えつけられてしまったとしたら、これから長く続く学校生活の中で、どのような人間関係を築いていけるのでしょうか。

幼児期に身に付いた他者との関係の取り方は、簡単に変えられません。心が成長する大事な幼児期に、一生大事に育てなくてはならない「他者への思いやり」「他者の存在を大事にする感覚」が受験勉強のせいで損なわれるとしたら、いったい何のための教育かということになります。

こうした非教育的な受験指導が行なわれる背景には、「合格さえすればなんでも許される」という感覚があるからだと思います。小学校受験を絶好のビジネスチャンスとしか考えない人たちにとっては、幼児期の教育が人生にとってどれほど大事かという認識などないのかもしれません。

幼児期の子育ての総決算としての小学校入試であるべき

こうした間違った受験教育に対し、学校側も警告を発しはじめています。入学してくる子どもたちの異変に、やっと学校側が気づきはじめたのでしょう。私は校長先生が集まるセミナーで、校長先生や入試担当の先生方に情報を公開していただきたい、そして何より、いま、幼児教室でどんな受験対策が行なわれているのかを見ていただきたい、とお願いしました。

子どもたちを送り出す塾側と、その子どもたちを受け入れる学校側が、同じ考え方で指導に当たらなければ、せっかくの幼児期の学習が無駄になってしまいます。そうならないためにも、入試を実施する学校側からのメッセージがどうしても必要なのです。

小学校受験のために「毎日50枚もペーパーワークのトレーニングをしなければ合格できない」といった、ばかげた教育は必要ありません。幼児教育の成果を測る、あるいは総決算として入試をとらえ、そこで学んだことが将来の教科学習の礎になっていくような基礎教育が大事だと伝われば、もっと多くの方々の小学校受験に対する認識は変わると思います。

１９６７年にはじまった学校群制度（入試実施方法の一つで、地域で学校の群れをつくり、その中で学力が平均化するように合格者を振り分ける方法）により、それまで名門大学進学の実績を誇っていた有名公立高校の力が低下した時期がありました。その結果、私立に期待が集まったのです。しかし、学校群制度は１９８１年に廃止され、社会環境も変化する中で、学校選択の考え方にも変化が見られ、小学校での私立離れの現象も起こりはじめています。児童・生徒の減少に歯止めをかけるためにも、教育内容の改革だけでなく、受験のあり方を根本から検討しなければならない時期に来ているのではないかと思います。

小学校入試が変わってきている

合否は学力の高い順番ではない

国立・私立の小学校入試は、これまでにもいくつかの変遷がありました。最初は知能テストをなぞるようなものでしたが、次にペーパーテストによる学力偏重主義の期間があり、その後、行き過ぎた学力偏重への批判から、ペーパーテストがはずされた時期もありました。現在もペーパーテストを行なわない学校はありますが、最近は「非認知能力」を考慮する行動観察も取り入れ、その幅が広がってきています。

知能テストを使った1970年ころの小学校入試は、〝勉強〟ではなく〝訓練〟で対応すれば簡単にできました。その後、受験者が増えてきたときは、大量のペーパーワークが課せられました。

そのため私たちも、ペーパーをめくる練習まで行なったくらいです。そこで出される問題も、知能テストに小学校低学年の課題を盛り込んだ、知識に訴える問題がほとんどでした。そのような行き過ぎたテストは是正され、近ごろは学力を見るだけでなく、協調性、忍耐力、集中力といったような非認知能力も重視され、バランスのとれた形式になってきました。

また入学試験の項目は「学力」「行動観察」「面接」の3つがセットになっており、学力テストの点数だけでは決まらないようになっています。合格するためには受験する本人の学力、非認知能力に加えて、親子の面接も重要なウエイトを占め、小学校入試はまさに幼児期の教育の総決算ということができます。ご家庭での親子の会話などが試されるので、常日ごろから親子の会話を習慣化する努力も必要になります。

学力だけでは合否は決まらない、というのはそういった3つの視点から判断されているからなのです。

お受験向きの子どもが受からない

テストの形式が変わったということは、学校が望む生徒の姿が変わったということです。

それはペーパーテストがよくできるだけの「模範的ないい子」が、学校側には魅力的な子どもに映らなくなってきたということであり、いわゆる「お受験向きの子どもが受からない」という変化が起こってきているのです。

近年、小学校入試において行動観察の重要度が増してきました。

以前、ある小学校の校長先生とお話しする機会があり、そこで、

「どうして行動観察をするのですか」

とお尋ねしたところ、即座に返ってきた答えは、

「遊べない子は伸びないんです。入学は4月なので、その前年の11月に行なう入試の、年長時の学力なんて信用できません」

というものでした。つまり、学力だけでなく、行動観察を通してその子どもが内包している、ものごとに取り組む「意欲」を見る、それがその子どもの正しい評価につながるはずだ、と言うのです。

私はこれまで、小学校に送り出す側の責任として、「学ぶことの楽しさを受験勉強で失ってしまわないように、教え込みの指導をしてはならない」ということを主張し実践して

きました。この校長先生の言葉は、その主張の正しさをあらためて証明できたと思います。「意欲」は学ぶことの楽しさが生み出すエネルギーだからです。

さらに、校長先生は、「何かができたか、できなかったかという観点では評価しない」とも付け加えておられました。行動観察では「できた、できない」の結果ではなく、ものごとに取り組む「姿勢」が、将来の学びのレディネス（学習者の心身の準備状態）として大事です。そして、**子どもがものごとに取り組む姿勢を身に付けるためには、毎日の家庭生活の中でそうした気持ちを育てることが必要です。要は家庭における保護者の教育が見られているとも言えます。**

このように考えてくると、いままで不透明であった行動観察の意味がよく理解できます。それどころか、小学校入試がもしかしたら、これからの時代に一番ふさわしい試験方法になるのではないか、つまり「学力・行動観察・面接」といった3本柱によって合否を決めていく小学校入試が、上級学校の試験にも形を変えて採用されるかもしれないと思ったりもします。それくらい先進的な試験方法だとあらためて思います。

1点でも多く得点すれば合格できるという「点数主義」「客観主義」に慣れてきた私た

ちの発想を変えていかないと、これからの入試改革は理解できません。

いずれにせよ、これからの社会が望む人材の姿が変わったために、学校が求める生徒の姿も変わってきたことは確かです。

小学校入試でなぜ「行動観察」が行なわれるのか

行動観察とは、出されたテーマにしたがって他者とともに行動する様子を見る集団テストです。出題は、「床に散らばっているたくさんのつみ木をみんなで箱に片付けてください」とか「みんなでつみ木を高く積み上げてください」といった単純なものもあります。

そこで試験官は、受験者の問題に対する立ち居振る舞いを採点するのです。他人の存在を無視し自己主張ばかりする子、試験官の指示や他の子の話がうまく聞けない子、みんなとの相談に加われない子など、さまざまな生の姿が浮かび上がります。

学校は、ペーパーテストの能力プラス、学校生活を送るうえでまわりのことも考えて行動できる子ども、他の人の話も聞いて自分の意見を発信できる子ども、みんなと相談して集団行動ができる子どもを求めるようになってきました。

数値化できないこういった隠れた能力が生み出すユニークな発想力、行動力こそが、AI時代に求められている価値の一つだろうと思われます。「非認知能力」を評価する姿勢は豊かな人間力を社会に活かすための新しい価値基準になろうとしています。

第1章でも述べたように、「5歳までの教育が人の一生を左右する」とも言えるヘックマン教授の研究は、これからの時代は、「学力」と言われてきた数値化できる「認知能力」だけでなく、協調性・忍耐力・計画力・表現力・意欲といった、客観的な点数では表せない「非認知能力」が子どもの成長には大事であり、人生における成功は、そうしたスキルの有無に影響されるとも読みとれます。そうした人材を発見し育てようという流れの中で、センター試験の改革や、東大・京大のAO入試導入があるのです。

これまで、小学校入試で「行動観察」がなぜ行なわれてきたのか、客観的に評価できない行動観察をなぜ合否判定に絡ませるのか、と思ってきた関係者も多かったはずです。しかし、「遊べない子は伸びない」とおっしゃった校長先生や、研究の結果、「非認知能力」が大事だと指摘したヘックマン教授の考えをふまえれば、こういった小学校入試は実に意味のある試験方法だということがわかります。

学校が望む子どもが変わってきた

慶應義塾横浜初等部が開校前年度の「入学試験受験生・保護者対象学校説明会」で配った資料の中に「横浜初等部の入学試験に当たって」という一文があります。その中に「入学試験に向けて心に留《とど》めて頂きたいこと」という項目があり、ここに学校側が望む、入学してほしい子どもの姿が描かれています。

生徒の選考に当たっては、子供たちの日常のありのままの姿を見たいと思います。

（中略）横浜初等部では、志願者を出来るだけ包括的且《か》つ総合的に見て選考したいと考えています。また、試験でも、特別な準備をして来た子供だけが得をすることのないように可能な範囲での配慮をしています。

私立小学校を受験する子供たちの多くが、そのための準備に多くの時間を費やしていることも事実です。（中略）**初等部を志願する家庭と子供たちがいわゆる受験産業の様々な指導や根拠の無い噂《うわさ》によって一層振り回され、日常のありのままの姿にこそ見ら**

れる筈《はず》のその子供の良さが失われることにならないよう願っています。

横浜初等部に入学するということは、単に横浜初等部の6年間の課程に入学するということに留まらず、大学までの（中略）慶應義塾の一貫教育の課程に入学するということです。従って、初等部に入学する子供たちには、第一に、心身両面、並びに知的な能力と好奇心において年齢相応の発育があること、第二に、幼稚園・保育園や家庭での生活の中で、個人や集団での生活で必要な態度や習慣が形成されていることが求められます。そして何よりも、**入学試験の準備の結果、大人の手によって盆栽のように体裁良くまとまり過ぎてしまうのではなく、（中略）子供らしい伸びやかさと力強さがあって欲しいと思います。**

また、人間には様々な性格と個性があります。そして、それぞれに応じた行動様式があります。（中略）例えば、一見、活発で、真っ先に行動する子供はその積極性は望ましいのですが、時に、じっくり考えたり、根気強く取り組む習性に乏しい場合があります。一方で、一見、積極性に欠けて反応が遅いと思われる子供の中にも、一人で一つのことに時間をかけて黙々と取り組む力を持った子供がいます。**学校は、様々な性格と個**

性、そして行動様式の生徒が混在してこそ、魅力的な教育環境が作られると考えています。（中略）子供一人一人が、その性格や個性が大切に育まれ、それに基づく行動が良い方向に発揮されるようになることが大切なのです。その意味からも、入学試験で望ましいとされる表現型を指導されているうちに、その子らしさを摘みとってしまい、不自然な接ぎ木のようにならないよう、心に留めて頂きたいと思います。（太字著者）

ここには、お子さんを受け入れる学校が何を求めているかがはっきり述べられています。個々人が持つ性格や個性にしたがった行動様式を大切にしたい。そして子ども本来の姿を伸ばしたい。型にはまった生徒はいらない——といった校風作りの理念を述べています。また、学校生活はさまざまな性格と個性、行動様式を持った生徒が混在してこそ好ましい教育環境がつくられるという考えをはっきりと打ち出していることがうかがえます。

さらに、この文章には、〝受験産業の様々な指導や根拠のない噂〟によって振り回されないように、また日常の子どもの良さが失われないように、といった入学試験を前にした受験生の保護者の方へのアドバイスも書かれています。

小学校受験に際して、受験生と学校の間をつなぐ受験産業の弊害に注意を喚起していることも特徴的です。この学校は、受験産業によって子どもらしい芽が摘み取られる生徒が存在することを知っているのでしょう。

幼児教育の歴史を大きく見たとき、受験する側の意識と、生徒を受け入れる学校側の姿勢がともに変化している今日こそ、幼児の将来にとって価値のある教育内容を生み出せるチャンスです。あらゆる分野で模索されている、次世代に何を手渡していくかということを、幼児教育の世界でも準備する必要があります。その目的はあくまでも「自ら考える力を持つ人間を育てる」が望ましいでしょう。

非認知能力をどう育てるか

伸びる子と非認知能力

毎日、教室で子どもたちの学習態度を見ていると、「この子は将来きっと伸びる」「この子は伸び悩むかもしれない」と感じる瞬間があります。それは、現在の学力から判断するわけではありません。同じ課題を学習していながら、どうしてこんなに取り組みの仕方が違うのかというときに感じるものです。その違いがいったい何に起因しているのか、その理由を考えてみると、単にものごとが理解できているかいないかの違いではなく、やはり「非認知能力」の差の問題のようです。

ヘックマン教授が非認知能力の大事さを訴えて以降、さまざまなところでこの大切さが語られています。最近では、たとえば大学在学中に弁護士等の資格を取るほど優秀でも、非認知能力が備わっていなければ社会に出ても活躍できないと言われ、実際、企業でも、資格を持っているというだけでは採用してもらえなくなっているようです。

高い学力をいかに活用するか、そのためには、非認知能力も必要だというわけです。この場合の非認知能力とは、コミュニケーション能力、みんなで協力し合って一つのものを完成する力、目標を持って最後まであきらめず頑張り抜く力などでしょうか。

認知能力を育てる過程で非認知能力も育てる

こんなにも非認知能力が大事だといわれると、それでは「勉強ばっかりやらないで、他のことに力を入れて」と、学習と切り離して語られてしまう可能性があります。極端なことを言うと、非認知能力のほうが大事だといって学習がおろそかになる懸念さえあります。このように認知能力と非認知能力を相反した二極論で考えると、非認知能力が間違ってとらえられてしまう危険性があります。

非認知能力とは、ものごとへの興味関心、実際にものごとに触れて自分でやってみたいと思う気持ち、人の話を最後まで聴こうとする姿勢、最後まであきらめないで頑張ろうとする粘り強さ、解決したときの表情とそれを言葉で伝えようとする姿勢……一つの課題に取り組んだとき、子どもが示すさまざまな反応の中に凝縮されているように思います。

幼児の場合、認知能力と非認知能力を区別し、一方は「学習」、一方は「活動」というように、まったく別物として分けて考えてしまうと大事なものを見失う危険性があるばかりか、非認知能力の理解が薄っぺらなものに終わってしまいます。認知能力を育てる過程で非認知能力も育てるという発想が必要です。特に幼児の場合、学習態度の育成は考える力の獲得と同じくらい大事な課題だと思います。

非認知能力を育てる6つのコツ

では、実際の授業で何をどのようにすれば、非認知能力を育てられるのでしょうか。それには、教育方法が大きく影響してくると思います。

1　一方的な知識の教え込みは行なわない。
2　成長段階に合わせて、学習内容を適切に定める。
3　学ぶことの楽しさを伝えるために、事物教育を徹底する。
4　集団活動を取り入れながら、良い意味での競争心を育てる。
5　考えたことや感じたことを言葉で表現する機会をたくさん与える。
6　何よりも学ぶ意欲をどう育てるか、最後までやりぬく姿勢をどう育てるか。

これらを実践するためには教師と子ども、または子ども同士の人間関係をどのように授業に活かすかが大事です。子どもの主体的な関わりを育てるためには、学習が楽しいものでなくてはなりません。ペーパーだけで済ませる発想では、子どもの興味・関心を引き出すことはできません。

非認知能力の大事さは認識されるようになってきましたが、何をどう経験させればそれを育てることができるのか、いまはまだその方策が明確になっているわけではありません。

いま、「知的創造教育」という新しい発想の授業に取り組んでいます。子どもの主体性をどう育てるかが一番の目標です。集団でいろいろな課題を解決していく経験を積み上げ、一方で解決していくプロセスを観察しながら、子どもの「いま」を保護者に伝えることに力を注いでいます。そのうえで、家庭での課題を明らかにしていく授業です。決して型を教え込んでいくのではなく、子どもの力を信じ、自律した活動を促しながら、自主的な判断ができるように経験を積み上げていくのです。

非認知能力をどう育てるかは、これからの課題として実践を積み上げていかなければなりませんが、教え込んで身に付くものでないことだけは、はっきりしています。

第5章　幼児教育が目指すゴール

幼児教育によって将来どうなる?

「KUNOメソッドを使って教育を受けた場合と、受けなかった場合とでは、その人は将来どのように違ってきますか?」

これは海外で「KUNOメソッド」についての講演をすると、出席されている保護者の方からよく出る質問です。だれもが知りたいことでしょう。しかし、残念ながら、われわれはその質問に答えられるだけの興味深いデータをもちあわせていません。ペリー就学前計画のように、長い時間をかけて追跡調査をしなければならないのかもしれません。

しかし、何をもって「この教育を受けたから将来こうなった」と言えるのか——これは大変難しい課題です。幼児教育を受けた子どもはその後、小学・中学・高校そして大学と長い時間をかけて学び、社会へ羽ばたいていくわけです。その間にいろいろな人や、さまざまな思想とも出会い、多くの経験を積んで人格形成をはかっていくわけです。それを「幼児期にこの教育を受けたから……」という理由だけで「こうなった」と説明するのは、大いに無理があります。

ですから、「こぐま会」の教育を受けたからこうなったなどとは決して言えませんし、そんな短絡的な発想で説明がつくものでもありません。

しかし、こぐま会に期待を寄せていただく多くの方たちの「どういう子どもに育つのだろうか」という素朴な質問には答えなければなりません。

私たちには次のような経験があります。

こぐま会で一生懸命勉強されたお子さんが、第一志望の小学校受験で、望む結果に結びつかないということがあります。何年も経って、そういうお子さんから「難関〇〇中学へ入学しました」「〇〇大学の医学部に合格しました」といったお便りをいただくことがあります。そこに「こぐま会での経験が役立った」と書かれた一文を見ると、肩の荷が下りた気持ちになりますし、心からその努力を称賛したい気持ちになります。

これまで何回も述べてきたように、こぐま会では小学校入学後にはじまる教科学習の基礎をしっかり身に付けることを目的として、教室での指導を行なってきました。決してどこかの学校に入るための特別なトレーニングではありません。どこの学校に入学しても主体的に学んでいける姿勢と、応用課題を受け止める学力の基礎をしっかり身に付けることを目標にしているからです。

毎年、受験シーズン後にこぐま会元会員の方から手紙をいただきますが、そこでも、こぐま会でつちかった思考力を育てる基礎教育が役に立っていることを確信します。

「学びが学びを呼ぶ」には家庭環境が重要

小学校入試で良い結果が得られなかったとしても、その後、希望する進路へ軌道修正できた子どもたちのように、自ら考え、自己を発展させていく思考力を身に付けているならば、その人は何歳になっても進歩をやめないだろうし、主体性を持ち、問題解決能力に富んだ、社会が必要とする人材になっていく可能性が大きいと思います。

幼児時代に「（この教育を受けたら）どんな人間に育つのだろうか」と子どもの成長に期待を抱く保護者の方々には、そのようなお子さんの将来の姿を夢見てもらいたいと思います。

希望の学校に入学できた子も、できなかった子も、入学したあとは次の目標に向かって歩みはじめるわけです。学びが次の学びへ向かわせるのです。自らの目標に近づくための学力をしっかり身に付けることこそが、学びが学びを呼ぶ原動力になるはずです。

「学びが学びを呼ぶ」理論は、子どもの主体的な取り組みだけでなく、それを支え、見守る家庭環境があってはじめて成立するものです。ですから「この教育を受けたら、受けなかった子とどのように違ってきますか？」という質問には、「この教育を受けることによって、子どもの思考力が鍛えられ、保護者の皆さまの教育に対する考えも変わると思います。その姿勢が継続されて、親子で学ぶ環境が整えば、必ず高い目標が達成できるはずです」と答えるようにしています。

「教えない授業」とは？

「日経電子版」（２０１４年11月15日）に掲載された記事に目をひかれました。「都立両国、復活の舞台裏」という見出しでした。

かつては東京の日比谷高校、新宿高校、西高校などの都立高校と並んで、両国高校も東大、京大など名門大学の合格率を競っていました。作家の芥川龍之介、堀辰雄などを輩出している高校です。ところが、学校の学力格差をなくすために導入された学校群制度により、それらの高校は長期低落に陥っていました。

しかし、一度はこの制度によって低下した学力が、ある独特な授業方法によって、近年回復してきたというのです。さっそく、その原動力となった英語の授業を実践した山本崇雄先生が書かれた『なぜ「教えない授業」が学力を伸ばすのか』（日経ＢＰ社）を読んでみました。

そのキーワードが「教えない授業」というわけです。

教壇に立つのは生徒たち。生徒同士がお互いに学び合い、教師は教室の後ろで見守るだけだといいます。

以前、こぐま会のホームページに連載していた私のコラムで、この「教えない授業」を取り上げたことがあるのですが、それをいま読み返しても考えは変わりません。コラムの中で私は、次のように書きました。


特に今回強く感じたのは、「教えない教育」を徹底することがいかに大変かということです。逆風の中で、信念を貫いた「教えない教育」の実践が、実は大学入試でも力を発揮することによって注目されているということは、あまりにも逆説的でユニークなものです。「教えない教育」というよりも、「自ら考える教育」と言った方が良いのかもしれません。

我々教育現場の人間にとっては、それが幼児であろうと、高校生であろうと、授業方法の視点で考えれば同じことです。高校生に「教えない授業」は成り立っても、幼児期の子どもに「教えない授業」が成り立たない、ということはありません。私たちが授業方法として守り続けてきた、「事物教育」こそ、「教えない教育」の原型だと思います。

言葉を交わして他者と意見交換し、理解を深めていくことは難しい年齢ではありますが、事物に触れ、事物を操作することによってものごとの関係を自ら発見していく作業は、「教えない授業」そのものです。そうした意味で、幼児であればある程、ものごとに触れ、自ら認識を獲得していく試行錯誤の時間を大切にしてあげなくてはなりません。

(『週刊こぐま通信』「知育を軽視する日本の幼児教育が危ない」より)

幼児期の考える力は「アクティブ・ラーニング」でしか育たない

『なぜ「教えない授業」が学力を伸ばすのか』という本は、「生徒自ら学ぶことによって学力が向上した」という高校の姿だけではなく、教える側が変わらなければ、このような成果は出ないのだ、ということを教えてくれています。

これからの教育論の中心が「何を学ぶか」ではなく「どのようにして学ぶか」だとしたら、教える側が変わらなければ成り立ちません。

最近、アクティブ・ラーニングという教育方法が話題です。アクティブ・ラーニングとは、「教員からの一方的な講義で知識を覚えるのではなく、生徒たちが主体的に参加、仲間と深く考えながら課題を解決する力を養うのが目的。そうした力を養う授業手法として、議論やグループワークなどが挙げられることが多い」（「朝日新聞」２０１５年12月17日夕刊）と考えて良いでしょう。

アクティブ・ラーニングの出現によって、その対極にある、これまで行なってきた「黒板と教科書とノートがあれば教育できる」という方法論が再検証されるようになってきましたが、私としては「何をいまさら」という想いがあります。われわれは「黒板と教科書とノートがあれば」という教育の仕方に異議を唱え、「事物教育」と「対話教育」という理念を掲げて実践に臨んできたからです。幼児期の「考える力」を育てる教育方法は、アクティブ・ラーニングしかないのです。

自らが考える教育

『なぜ「教えない授業」が学力を伸ばすのか』という本も、大学受験で良い成果を収めたという事実があるため、みんなが注目するのだと思います。しかし、受験の結果だけでなく、これからの社会で有能な人材として活躍するためには、「自ら学び続ける」経験がどうしても必要になってきます。

この先、世界中の多くの人々が「教育という営みは、どれだけ多くの知識を与えるかだ」と信じてやまなかった時代の呪縛から解放される時がきます。人間にとってもっとも根源的な能力といえる「考える力」「新しい価値を創造する力」をどう身に付けるのかという観点で教育を考えはじめれば、これまでの「知識をどれだけ獲得させるか」という教育が旧い教育法であることは、だれもが納得できるはずです。しかし、それに替わる教育法というと、具体的な方法論が明確に見えている人はどれだけいるでしょうか。

ただ、「事物教育」と「対話教育」の理念を掲げて、幼児期の基礎教育を実践してきたこぐま会の指導が、ペーパー重視の時代も、非認知能力が重視されてきた近年も、小学校受験において大きな成果を上げていることは間違いありません。それは、われわれの指導が、本当に大事な「考える力」を育てているからだと自負しています。

「教えない教育」とは「自らが考える教育」だということを知るべきです。

おわりに

子どもの能力を引き出す教育

親ならばだれでもわが子の将来が気になるものです。賢く健やかに、グローバルな舞台で自己実現に向かって活躍する――これからは多くの子どもたちがそんな生き方、仕事をするのも夢ではないのです。

これまでは、知識の豊富さ、記憶の量によって獲得するペーパーテストの点数に学生たちは血眼になっていました。「教育という営みは、どれだけたくさんの知識を与えるかにかかっている」と信じてやまない時代でした。ところが、いまやスマートフォン一つでいかなる知識も調べられる時代です。もちろん基本的な知識は必要ですが、多くの知識を知っているだけでは存在意義が薄れる時代になりました。

現実の世界はすさまじいスピードで変化しています。ＡＩ時代の到来はすぐそこまできています。

新しい時代は「新しい教育」を要求しています。知識の多さを求めただけの時代は、もはや過ぎ去り、未来は、より独創的なアイディアの持ち主、より創造的な思考の持ち主の出現を待望しています。そういった人材を生み出す教育でなければなりません。

「日本人は〝Ｅｄｕｃａｔｉｏｎ〟と〝教育〟を同義語だとおもっていませんか」――という問いかけを、以前あるところで見かけたことがありました。日本語で〝教育〟と訳されている英語の元になっているラテン語は「引き出す」という意味だそうです。子どもが持っている「諸能力を引き出す」ことが〝Ｅｄｕｃａｔｉｏｎ〟だというのです。黒板の前で、知識を持つ者が持たない幼児に知識を与える姿とはまったく異なります。

教え込み教育がいかに不自然で、本当の意味で子どものためになっていないかがわかります。教育とはいかに多くの知識を与えるかである、というこれまでの社会の間違った思い込みが、ときにわが子を責め苦に陥れていることがあったのです。そんな事態は子どもの可能性を台無しにするだけです。

社会全体が根本的に「これからはどんな教育がいいのか」を考え直す時期にきているのではないでしょうか。

柔軟な思考が複雑な問題を解決する

新しい世界が要求する人材をつくり出すには、知識の多さを競った教育の呪縛から解放される必要があります。そのためには、われわれ大人が旧い教育の体質を洗い流さなくてはなりません。

「考える力」「新しい価値を創造する力」をどう身に付けるのかという観点から、教育関係者だけでなく社会全体があらためて考える努力をする必要がありそうです。

「考える力」を育てることは「柔軟な思考」を育てることであり、「柔軟な思考」を育てるためには、「視点を変えてものごとを考えることができるかどうか」が重要なポイントになります。

「柔軟な思考」は、その人の人生や社会における複雑な問題への対処を可能にします。ペーパーテストで正解するだけの能力は、そういう複雑な問題を解決できる能力とは異なります。

将棋の藤井聡太さんの「将棋脳」を考えてみてください。教え込み教育は、将棋で使う脳とは相容《あいい》れません。将棋には、先輩たちが残した棋譜というものがあります。この過去の「知識」を獲得し「認知能力」を駆使したうえで、IQでは計測できない「発想力」や「忍耐力」、そして「自己制御力」などその人独自の「非認知能力」と組み合わせて事に当たるバランスのとれた脳があるからこそ、藤井さんは活躍できているのだと思います。

このように、これからのグローバル世界で能力を発揮していくためには認知能力と非認知能力をバランス良く併せもつ人材が求められるのです。

人生の合格への扉を目指して

私は以前「こぐま会は幼児期からの学力の基礎づくりを応援します」とホームページの扉に書いたことがあります。未来永劫《えいごう》変わらないスローガンです。私たちはあくまでも「学力をつける基礎づくり」のお手伝いを使命としています。

幼児期に考える力が育つように脳と心を耕し、種をまく。思考力の種を植えつけられた幼児は自ら思考力の木をスクスクと育て、自律した成人となる。その成人は自分の夢に向かって行動する。社会の進歩と歴史の発展に寄与できる人間として成長する。そんな人材育成のお手伝いができればこんなにうれしいことはありません。

幼児教育の仕事に携わり、実践を通して幼児期の基礎教育のあり方を追究して、すでに46年経ちました。いまでも、授業の現場に立ちながら、65歳も年齢差のある子どもたちと毎日楽しく学習し、子どもたちから多くのことを学んでいます。時代の変化とともに、子どもを取り巻く環境も変わり、子どもたちの発達にも、変化が見られます。

しかし、幼児期の基礎教育には、原理原則があり、それは、環境の変化によってそれほど大きく左右されるものではありません。教育内容や教育方法について、いまだに直面する課題は多く、それをどう解決していったら良いのか、その意味で試行錯誤は続きます。幼児教育の重要性が認識されればされるほど、いろいろな考え、いろいろな意見が飛び出し、その結果、形だけの間違った幼児教育で現場が混乱することも予想されます。

親の立場で、幼児期の子どもたちにどのように寄り添い、どのような考えで日々の家庭教育にあたればよいのか、時代が変わっても守り続けなくてはならないものがあります。私のこれまでの経験を通じ、子育て中の皆さまに「家庭教育のあり方」についてのメッセージをお送りしたいと思います。

1 幼児期の基礎教育は、事物に働きかけ、試行錯誤して答えを導き出す事物教育を基本と考え、決して早い段階からペーパーワークを中心とした学習をしないようにしてください。

2 ものごとに働きかける実体験を積むことで、「考える力」の基礎をしっかりつくってください。

3 幼児期の基礎教育のチャンスは、生活や遊びの中にたくさんあるので、それらを見逃さないようにしてください。ちょっとした声掛けで学びのチャンスが生まれます。

4 子どもによって成長のスピードは違います。その子自身の成長を認め、他人と比べることがないようにし、教え込みはしないで、自らの力で解決できるよう、「待つ」姿勢を大事にしてほしいと思います。

5　子育ては、山あり谷ありの連続です。一つ山を越したと思ったら、また次の山がそびえ立つ……そのくり返しかもしれません。常に前を向き、常に子どもに寄りそって成長を見守ってあげてください。そうしたご両親の人間的な温かい環境があれば、どんな困難なことでも乗り越えていけるはずです。その結果目指すゴールは必ず見えてくるでしょう。

こぐま会の教育には明確な目標があります。何度も書きますが、それは、「考える力」を育てることです。「事物教育」と「対話教育」で「思考力を備えた人をつくる」には時間が必要です。数年間かけてじっくりその能力を育てる、そのためには、基礎から応用への道筋をしっかりつけた体系的な指導が必要です。

受験のためではなく、幼児期の基礎教育として必要な学習をしっかり積み上げていけば、その先に人生の合格への扉が開かれるはずです。

久野泰可（くの やすよし）

一九四八年、静岡県生まれ。横浜国立大学教育学科を卒業後、現代教育科学研究所に勤務し、一九八六年、幼児教育実践研究所「こぐま会」代表に就任。常に幼児教育の現場に身を置き、その実践を通して作り上げた独自カリキュラム「KUNOメソッド」は中国、韓国、ベトナム、タイ、シンガポールなどの幼稚園・教室で導入されている。著書に『子どもが賢くなる75の方法』（幻冬舎）、『3歳からの「考える力」教育』『間違いだらけのお受験』（ともに講談社）など。

「考《かん》える力《ちから》」を伸《の》ばす AI時代《じだい》に活《い》きる幼児教育《ようじきょういく》

集英社新書〇九六二E

二〇一九年一月二二日 第一刷発行

著者……久野泰可《くのやすよし》
発行者……茨木政彦
発行所……株式会社集英社
東京都千代田区一ツ橋二−五−一〇 郵便番号一〇一−八〇五〇
電話 〇三−三二三〇−六三九一（編集部）
〇三−三二三〇−六〇八〇（読者係）
〇三−三二三〇−六三九三（販売部）書店専用

装幀……原 研哉
印刷所……大日本印刷株式会社 凸版印刷株式会社
製本所……加藤製本株式会社

定価はカバーに表示してあります。

ISBN 978-4-08-721062-0 C0237
Printed in Japan

a pilot of wisdom

集英社新書

好評既刊

堀田善衞を読む 世界を知り抜くための羅針盤
池澤夏樹／吉岡 忍／鹿島 茂／大髙保二郎／
宮崎 駿／高志の国文学館・編 0952-F
堀田を敬愛する創作者たちが、その作品の魅力や、今に通じる『羅針盤』としてのメッセージを読み解く。

母の教え 10年後の『悩む力』
姜尚中 0953-C
大切な記憶を見つめ、これまでになく素直な気持ちで来し方行く末を存分に綴った、姜尚中流の〝林住記〟。

限界の現代史 イスラームが破壊する欺瞞の世界秩序
内藤正典 0954-A
スンナ派イスラーム世界の動向と、ロシア、中国といった新「帝国」の勃興を見据え解説する現代史講義。

三島由紀夫 ふたつの謎
大澤真幸 0955-F
最高の知性はなぜ「愚か」な最期を選んだのか？ 全作品を徹底的に読み解き、最大の謎に挑む。

写真で愉しむ 東京「水流」地形散歩
小林紀晴／監修・解説 今尾恵介 0956-D
旅する写真家と地図研究家が、異色のコラボで地形の原点に挑戦！ モノクロの「古地形」が哀愁を誘う。

除染と国家 21世紀最悪の公共事業
日野行介 0957-A
原発事故を一方的に幕引きする武器となった除染の真意を、政府内部文書と調査報道で気鋭の記者が暴く。

中国人のこころ 「ことば」からみる思考と感覚
小野秀樹 0958-B
中国語を三〇年以上研究してきた著者が中国人に特有の思考様式や発想を分析した、ユーモア溢れる文化論。

慶應義塾文学科教授 永井荷風
末延芳晴 0959-F
「性」と「反骨」の文学者、その教育者としての実像と文学界に与えた影響を詳らかにした初めての評論。

一神教と戦争
橋爪大三郎／中田 考 0960-C
西欧思想に通じた社会学者とイスラーム学者が、衝突の思想的背景に迫り、時代を見通す智慧を明かす。

安倍政治 100のファクトチェック
南 彰／望月衣塑子 0961-A
第二次安倍政権下の発言を○、△、×で判定。誰がどのような「嘘」をついたかが、本格的に明らかになる！